DE LA

COMMUNAUTÉ

RÉDUITE AUX ACQUÊTS

PAR

Paul-Émile VIGNEAUX

Avocat près la Cour impériale de Bordeaux

PARIS

IMPRIMÉ PAR CHARLES NOBLET

RUE SOUFFLOT, 18

1867

DE LA

COMMUNAUTÉ

RÉDUITE AUX ACQUÈTS

PAR

Paul-Émile VIGNEAUX

Avocat près la Cour impériale de Bordeaux

—◦◦◦◦◦—

PARIS

IMPRIMÉ PAR CHARLES NOBLET

RUE SOUFFLOT, 18

1867

F

DE LA

COMMUNAUTÉ

RÉDUITE AUX ACQUÊTS

PRÉFACE.

De tous les contrats pécuniaires, le contrat de mariage est le plus important. Organiser la constitution du moindre ménage, c'est une des grandes questions sociales : l'État repose sur la famille.

Sujet non moins attrayant que vaste !

Au point de vue historique d'abord, quelles recherches plus curieuses et, tout ensemble, plus instructives ! Suivre, à travers les siècles, la filiation des régimes nuptiaux ; demander au génie de chaque peuple sa solution sur un problème si grave dans sa simplicité apparente ; c'est une étude, affirmons-le sans emphase, qui donne la mesure vraie du progrès, en nous initiant aux secrets intimes des mœurs.

Au point de vue économique, le contrat de mariage, comme pacte de famille, touche à la fortune privée; par son influence sur la circulation, l'immobilité, la répartition des biens, il touche à la fortune publique, et, ne fût-ce que par la fréquence majeure de ses applications, nul autre contrat n'a tant de puissance pour féconder ou pour stériliser la richesse, pour la concentrer ou pour la morceler, pour en rompre ou pour en maintenir l'équilibre.

Au point de vue politique enfin, le mariage ne s'inspire-t-il pas, jusque dans ses stipulations pécuniaires, de l'esprit conservateur ou progressif de la nation? Et n'en subit-il pas une influence qu'il rend du reste avec usure? Toujours la plus étroite solidarité relie aux institutions de l'État les institutions domestiques.

Ce contrat intéresse même la morale. C'est une incurable faiblesse de notre nature que l'accroissement ou la ruine du bien-être matériel décide trop souvent et de la concorde des époux, et de l'harmonie des familles, et de l'éducation des enfants. Aussi le législateur doit-il songer qu'il ne s'agit pas seulement ici de régler l'administration de deux patrimoines, mais encore d'assurer peut-être, avec le bonheur domestique, la paix, la pureté même du foyer conjugal.

Dans ces aspects multiples quels sujets de méditation pour le philosophe! Comment sauvegarder les

droits et les intérêts? Comment concilier la protection due à la faiblesse et la liberté que réclame
l'activité? Il s'agit de poser la pierre angulaire.
Voici le pacte de la famille, la petite charte d'un
petit peuple, charte plus inflexible toujours, et parfois
même plus durable que de solennelles constitutions.
C'est sur la fragilité ou la force de ces fondements
obscurs, mais indispensables, que va reposer tout l'é-
difice : la richesse, le bon ordre, et, dans une certaine
mesure, la moralité même de tout un peuple.

Tel est le rôle des pactes nuptiaux en général. —
Mais, dans leur multitude infinie, une forme particulière, la Société d'Acquêts, a captivé nos préférences.
Sujet en apparence restreint, mais qui ouvre de vastes
perspectives : on peut s'y poster comme en un point
central qui commande toutes les avenues.

En histoire, la société d'acquêts a servi de transition entre la dotalité romaine et la communauté française; elle affecte, dans nos vieilles coutumes, une
pittoresque originalité; et, si l'on se fie à la faveur
qu'elle a généralement prise de nos jours, il peut être
permis de lui prédire, soit dans les lois, soit au moins
dans les mœurs, un avenir plus brillant encore.

En économie, elle s'harmonise, bien mieux que la
communauté légale, avec les transformations modernes de la richesse; à l'égalité mensongère du pacte
officiel, elle substitue une égalité plus exacte.

En morale, elle répare une injustice de la dotalité;
c'est elle encore qui distingue le plus équitablement,

et pour les époux et pour leurs familles, les biens propres des biens communs ; elle oblige enfin les conjoints à considérer la personne plus que l'apport, en fondant principalement sur les vertus de chacun l'espérance de la prospérité commune.

Tant de mérites ne recommandent-ils pas la société d'acquêts à l'attention du jurisconsulte, peut-être aux préférences du législateur ? Ce régime n'en est pas d'ailleurs à faire ses preuves ; il a suffi au développement d'une de nos plus riches cités commerciales ; il rallie de jour en jour les sympathies publiques ; il ne lui manque guère que la consécration officielle de la loi.

A tant de raisons s'est venue joindre accessoirement une considération personnelle. Ce qui se rattache aux traditions, aux mœurs, aux intérêts de notre ville natale ne saurait nous laisser indifférent. Pour nous la société d'acquêts est une question locale ; c'est l'héritage de nos ancêtres, c'est de l'histoire de famille.

Trois parties dans ce travail.

Nous esquisserons dans la première les origines historiques de la société d'acquêts.

Dans la seconde, nous examinerons d'abord ce régime à l'état normal et typique ; ensuite les diverses modifications dont il est susceptible, et notamment sa combinaison avec le régime dotal.

La troisième partie sera consacrée à quelques considérations sur la valeur économique, sociale et morale de l'institution et sur le rôle probable que l'avenir peut lui réserver.

PREMIÈRE PARTIE.

CHAPITRE PREMIER.

Constatons, dans l'histoire du mariage, la succession progressive de trois grands systèmes.

Première époque.

Aux siècles barbares (autrement dits héroïques), c'est la force qui tient le sceptre du monde et de la famille. Les vertus douces et gracieuses de la femme ne sont pas encore appréciées ; l'homme la prend, suivant le mot brutal de Charles XII (1), pour qu'elle lui donne des enfants et non des conseils. Assimilée à l'esclave, comme l'esclave à la bête, rien d'étonnant qu'à ces époques elle soit littéralement achetée par le mari.

C'est ainsi que débuta partout le monde antique.— Commun à tous les Orientaux (2), cet usage, malgré l'incontestable supériorité de la loi mosaïque, se retrouve jusque chez les Hébreux : la femme d'Osée en

(1) Voltaire, Hist. de Charles XII, liv. 1er.
(2) Lois de Manou, VIII, 44; IX, 723.

est un exemple, et l'on sait de quel prix étrange Saül se fit payer par David la main de la jeune Michol (1). — Aristote rend le même témoignage sur les premiers Grecs (2); et Homère appelle les vierges : αλφεσιβοιαι c'est-à-dire, *qui rapportent des bœufs à leurs parents*. A Rome, il est vrai, nous ne rencontrons aucun trafic semblable. Mais, par des cérémonies spéciales, tantôt mystiques (*confarreatio*), tantôt franchement significatives (*coemptio*), la sujétion de l'épouse est consacrée. Une logique injurieuse ne craint même pas d'assimiler la femme aux meubles qui s'acquièrent par l'usage d'un an (*usucapio*), et c'est ainsi que presque toujours (nous parlons des premiers siècles), la femme, par la *conventio in manum*, devient la fille de son mari, à une époque où les enfants ne sont que les esclaves du père.

Comment un tribun français pouvait-il voir dans ce régime les origines de notre communauté (3)?

Le mariage par achat régnait aussi chez les anciens Germains; Colomb le trouva établi en descendant en Amérique (4); il persiste encore chez la plupart des nations musulmanes ou idolâtres (5), et même dans notre Algérie si peu francisée.

---

(1) Genèse, XXXI, 14; Exode, XXII-16, 17; Deutér. XX, 29. — Osée, III, 1, 2. — Les Rois, XVIII, 23-27. — De Pastoret, t. IV, p. 32.

(2) Polit. lib 2 c. 5.

(3) Fenet, t. XIII, p. 796.

(4) Robertson, Hist. d'Amér., liv. 6.

(5) Koran, t. 1, c. 4. — P. Huc, Voyage au Thibet.

En un mot, ce système (si l'on peut lui donner un pareil nom) est le premier tâtonnement des sociétés dans leur enfance. Mais partout où il prédomine, ne parlons ni de contrat ni d'association. Le seul contrat c'est une vente; et la femme n'en est que l'*objet*.

Deuxième époque.

Déjà la religion chez les Hébreux, et chez les Grecs, sinon chez les Romains, la philosophie avaient mitigé, dans l'application, la théorie barbare du mariage. Mais, pour l'honneur de l'humanité, il fallait qu'enfin un nouveau régime triomphât. Lorsque dans une société la dignité de la femme s'est révélée, l'achat est aussitôt répudié par la conscience publique. — Ce qu'inventa le droit du paganisme pour le remplacer, ce fut le système de la dot.

La plus policée des républiques grecques nous offre la première ce spectacle. Athènes fit de la dotalité son droit commun, malgré la défense de Solon. Dotalité primitive cependant et qui n'avait pas su encore se hérisser de toutes les prohibitions modernes.

Avec les mariages libres, la dot fait aussi son entrée à Rome. Verrons-nous ici une transplantation de la dot athénienne, ou bien une efflorescence spontanée du génie latin? Remarquons simplement une différence capitale : à Athènes, le mari n'est qu'usufruitier;

2

à Rome, il est propriétaire de la dot. Pourquoi d'ailleurs l'humanité n'avancerait-elle qu'en se copiant sans cesse? Disons plutôt que l'avénement de la dot était dans la logique de la situation. L'exagération du pouvoir marital devait provoquer une réaction non moins exagérée ; d'où la désuétude des cérémonies qui consacraient la servitude de la femme, la faveur des mariages *sine manu*, et, par la brèche, l'introduction d'un nouveau régime.

Étudier par quelle filière les Douze-Tables aboutissent à Justinien, par combien de gradations la personnalité de la femme, absorbée jadis dans celle du mari, devient à son tour absorbante, recherche pleine d'intérêt ! Absolutisme du mari d'abord, puis obligation de restituer la dot, puis inaliénabilité partielle établie par Auguste, enfin inaliénabilité complète consacrée par Justinien, voilà les sommets culminants : *Summa... fastigia rerum.*

Mais ni l'équité du préteur, ni l'admirable logique des jurisprudents ne pouvaient régénérer le mariage. Dans ce duel de la loi et des mœurs, c'était la loi qui devait succomber. Solon, en prohibant la dot, ne permettait à la femme que l'apport de trois robes. Il voulait que « la conjonction des époux se fît pour avoir lignée et par plaisir et amour et non pour avoir argent (1). » Voyait-il déjà, dans l'avenir, la femme achetant à prix d'or son indépendance, le mariage

(1) Plutarque, Solon, 37.

stérile, le divorce dissolvant la famille, enfin cette licence effrénée qui changea les Cornélies en Messalines ?

Troisième époque.

Avec l'évolution dotale s'épuise la fécondité du droit antique. Impuissant à réformer les mœurs, le régime païen rabaisse son ambition à conserver du moins les biens. C'est là son titre à la faveur d'une société incertaine du lendemain et qui, chaque jour, s'écroule en débris devant l'invasion.

Cependant, le monde a changé de Dieu. Désormais, la femme ne sera plus, comme chez les Barbares, une esclave que l'on marchande, ni comme à Rome, une pupille en révolte, passant, avec les siècles, des excès de la sujétion aux excès de la licence. Des races plus jeunes s'essaient à réaliser dans le mariage l'idéal d'une religion nouvelle. Voici, enfin, un régime qui fait de la femme l'associée, la compagne, et véritablement la moitié de l'homme. En relevant l'épouse et la mère de toutes ses déchéances païennes, le christianisme la rétablit à la place que Dieu lui destine dans la famille.

Ce régime chrétien procède, lui aussi, suivant une série de métamorphoses. D'abord il se manifeste timidement; ce n'est encore qu'un simple droit de succession aux acquêts pour la veuve. Mais attendons un peu qu'il s'épanouisse. Nous sommes en plein moyen âge:

ouvrons nos vieilles coutumes de France, curieux mélange de rudesse germanique, de naïveté gauloise, de
respect mystique et chevaleresque pour un sexe si
faible sous le règne universel de la force ; c'est là,
enfin, dans les ménages bourgeois surtout, que la communauté nous apparaît ; c'est là que nous trouvons la
femme associée et douairière, quoique toujours sous
la maîtrise et seigneurie de son baron. L'Église, la
France, la Roture, voilà les origines de la communauté.

Plus tard, la restauration savante du droit achève
de contrebalancer, par de nouveaux priviléges, l'infériorité de la femme ; la jurisprudence se complaît à
coordonner les traditions, et le grand œuvre national,
heureusement venu à maturité, reçoit la consécration
suprême du Code.

Tandis que s'élabore dans le nord ce travail sécu-
laire, les provinces du midi combinent du moins avec
la dot traditionnelle une réduction de la communauté.
Ailleurs, quelques peuples plus hardis poussent plus
avant, ils arrivent à la communauté universelle.

Société d'acquêts, communauté coutumière, communauté universelle, voilà, en supprimant les nuances
intermédiaires, les trois grands types concentriques,
mais progressivement compréhensifs, qui résument
toute l'histoire de l'institution.

Telle est donc la carrière que le mariage a fournie.
L'achat de la femme, le régime dotal, la Communauté
en marquent les grandes étapes. Mais, aujourd'hui

encore, pour ainsi parler, ces trois époques coexis-
tent. Combien de nations attardées dans la première !
Seules, l'Europe et l'Amérique chrétiennes ont su définitivement s'en dégager.

Mais le monde civilisé lui-même se divise entre le
régime dotal et les formes variées de la communauté.
Née dans l'Europe méridionale, la dot semble toujours
se complaire sur cette terre de prédilection. Bien
mieux, toute une secte de jurisconsultes se refusent à
saluer un progrès dans le régime coutumier; leurs
regrets se retournent sans cesse vers les splendeurs
évanouies du droit écrit; et, dans la législation nouvelle, ils ne verraient volontiers qu'un retour à la bar-
barie, une décadence après l'apogée (1).

Vœux impuissants, qui n'entravent point la marche
du régime national.

Cependant, parmi les formes multiples de la communauté, ce n'est pas le type officiel qui répond le
mieux au vœu public. Chaque jour, au contraire, la
simple société d'acquêts gagne du terrain, rallie des
sympathies; elle paraît mieux appropriée aux convenances modernes. Ses succès nous engagent à esquis-
ser sa monographie.

Abordons l'histoire spéciale de ce régime.

(1) Ginouilhac, Hist. de la dot.

CHAPITRE II.

PRÉTENDUES ORIGINES ROMAINES DE LA COMMUNAUTÉ.

Quelques écrivains ont prétendu retrouver à Rome les origines de la communauté (1); paradoxe qui n'a guère recruté de prosélytes.

Si nous récusons, en effet, les belles phrases philosophiques (2); si nous rectifions juridiquement les métaphores des lettrés (3), que restera-t-il? Deux ou trois textes (4) tout au plus. Et que disent-ils? Tout simplement que les époux, comme des étrangers, pouvaient stipuler entre eux une société ordinaire.

Le droit romain proclamait, en effet, soit avant, soit après les noces, la liberté des conventions matrimoniales; d'autre part, tous contrats étaient licites d'époux à époux. Pas plus qu'une autre convention, la société n'était prohibée; pourquoi donc s'étonner en la rencontrant parfois dans les textes? Mais jamais la société ne dérivait du mariage; et, en fait, elle ne s'y montre que comme un accident, comme une sorte

(1) Bouhier sur Bourgogne, t. I, p. 175.

(2) D. II. 1 De re nupt., 52 De re judic. — C. I. 4 De crim. expil. hered.

(3) Columelle, De re rustica, l. XII, Pref. — Denys d'Halic. Ant. Rom., II, 25.

(4) L. 16 § 3 De alim. vel cib. legatis.— Martial, épig. IV-75.

de phénomène. Antipathique aux mœurs, aux traditions, au régime national, jamais la communauté
n'est devenue, jamais elle n'aurait pu devenir une
forme pratique du mariage romain. Si parfois, meilleure conseillère que la loi, l'affection conjugale
essayait de ce régime égalitaire, aussitôt la ésie
enthousiasmée élevait *jusqu'aux astres* cet incroyable effort de générosité (1).

Maintenant, et dans ces limites, si l'on veut spécialement admettre que la société d'acquêts a pu être
connue entre époux romains, nous n'y voyons aucun
obstacle. Fort pratiquée dans le commerce, cette
forme restreinte d'association avait même, dans le
doute, la présomption légale en sa faveur (2). Mieux
que toute autre, ses affinités naturelles la combinent
avec une constitution dotale ; rien d'impossible qu'à
Rome même elle ait parfois escorté la dot.

Mais notre but n'est pas de collectionner des cu-
riosités juridiques. Ce que nous cherchons, et ce que
Rome ne nous offre point, c'est l'association pécuniaire s'affirmant comme conséquence de l'union des
personnes. — Poursuivons.

(1) Martial, loc. cit.
(2) D. l. 7 Pro socio.

CHAPITRE III.

PRÉTENDUES ORIGINES CELTIQUES DE LA SOCIÉTÉ D'ACQUÊTS.

Quel était le régime matrimonial des Gaulois? Tout ce que nous pouvons en savoir est contenu dans cinq ou six lignes de César. Les voici :

« Viri, quantas pecunias ab uxoribus dotis nomine
« acceperunt, tantas ex suis bonis, æstimatione facta,
« cum dotibus communicant. Hujus omnis pecuniæ
« conjunctim ratio habetur, fructusque servantur :
« uter eorum vita superârit, ad eum pars utrius-
« que, cum fructibus superiorum temporum, perve-
« nit (1). »

Voilà le seul témoignage contemporain. Dans ce passage assez obscur, Pasquier, Coquille, Lebrun, Grosley ont cru voir l'origine de la communauté. Cette opinion prévalut dans les discours sur le projet du Code : le tribun qui avait découvert la communauté à Rome dut être fier de la reconnaître chez nos premiers aïeux (2).

Rallié d'abord à cette hypothèse (3), Pardessus s'imagina plus tard retrouver ici les origines de la société d'acquêts (4). Nouvelle version qui, à notre avis, n'était qu'une erreur nouvelle.

(1) Bel. Gall. VI 19.
(2) Fenet, t. XIII.
(3) Mem. de l'Acad. des inscript., t. X, p. 752.
(4) Collection de la loi salique, XIIIᵉ Dissert.

Traduisons littéralement ce texte fameux :

« Le mari reçoit de la femme des valeurs à titre de dot ; et, sur ses biens personnels, il apporte une valeur estimative égale. On dresse état du total, et l'on en conserve les revenus. Le survivant gagne la masse avec les fruits accumulés. »

Telle est la description de César. Comment y reconnaître les caractères d'une société d'acquêts ?

Dans ce dernier régime, les époux n'apportent que leur industrie ; on exclut de la communauté les biens qu'ils possédaient au jour du contrat. Or, César suppose des mises réciproques qu'on réunit pour en former une masse unique. Pareille combinaison ressemble à notre clause d'apport, mais elle ne rentrera jamais dans les termes de l'art. 1498.

Dans la société d'acquêts, les fruits sont définitivement consommés au profit du ménage. — Dans le système gaulois (disposition étrange!) César dit que les fruits sont capitalisés.

Enfin, la société d'acquêts dissoute, chaque époux reprend ses apports ; on partage ensuite les bénéfices. — Au contraire, César dit que la masse entière est toujours attribuée au survivant; aucun partage d'une société quelconque.

Voilà-t-il assez de différences ! Quel rapport entre deux institutions qui procèdent par antithèses?

Mais, dira-t-on, dans la société d'acquêts, comme dans la communauté légale, on peut stipuler que toute la masse appartiendra au survivant. Si donc le régime gaulois différait de l'art. 1498, ne ressemblait-il pas à l'art. 1525 ? — La société d'acquêts aurait ainsi débuté sous une forme que la pratique lui imprime encore assez habituellement.

Nous répondrons que pour être moins saillante, la différence n'a pas disparu. Dans l'art. 1525, en effet, la loi réserve du moins aux héritiers du prédécédé « la reprise des apports et capitaux tombés dans la communauté du chef de leur auteur. » Or, cette simple disposition d'équité ne se retrouve pas même dans le régime décrit par César. — Dira-t-on qu'aujourd'hui encore les parties y peuvent déroger par clause expresse, tout en restant néanmoins sur le terrain de la communauté ? Mais cette forme, déjà si excentrique, ne ressemblerait pas encore au mariage gaulois. Tandis que l'existence d'apports au jour du contrat distinguera toujours ce dernier régime de notre société d'acquêts, la capitalisation bizarre des fruits ne le distinguera pas moins d'une communauté conjugale quelconque, usufruitière naturelle de tous les revenus des deux époux (1).

Quelle était donc cette convention usitée chez nos ancêtres? Une simple combinaison aléatoire, une donation égale et réciproque, à titre de gain de survie, voilà tout. Plus favorable, en ce sens, que la dotalité

(1) Sans doute, le mari gaulois n'était pas tenu de conserver les fruits *en nature*; il suffisait que ses héritiers en restituassent *la valeur* (M. Humbert, Rev. hist. 1858, p. 535-6.)

romaine, même que la communauté française, ce régime assurait à la veuve les revenus capitalisés de la masse. Mais nul souci pour les héritiers de la femme prédécédée, nul apanage pour la vieillesse de celle qui n'avait pas apporté de dot.

Dira-t-on que, dans la suite des temps, par l'égalité des apports, par l'égalité des droits de survie, ce régime aurait préparé les esprits au régime égalitaire de la communauté? Que, par cette attribution des fruits à la veuve, il aurait suggéré l'idée d'une association de la femme aux acquêts? Ce serait une question ; mais l'événement l'a tranchée. Ce germe, si germe il y avait, n'a pu fructifier. Admis, un siècle et demi avant le reste du monde, aux honneurs de la cité romaine (1), les Gaulois s'empressèrent d'abjurer toute tradition nationale. Une seule preuve, parmi tant d'autres : à peine leur idiome même (et peut-être encore grâce à une réimportation étrangère) a-t-il pu survivre dans une seule extrémité du pays. On sait pourtant combien la langue des vaincus est plus réfractaire que leurs lois à l'absorption de la conquête.

C'est donc sans motif qu'un éminent historien (2) s'obstine à retrouver dans nos institutions coutumières la vieille empreinte du droit celtique. Quelques curieux vestiges ont subsisté (*maîneté*, etc.), mais l'ensemble des traditions ont été rompues (3). Et pour le

---

(1) Tacite, Hist., I, 8; Ann. XI, 23. — Plutarque, Galba, 18.
(2) Laferrière, Hist. du dr. fr.
(3) Fleury, Hist. du dr. fr. — De Savigny, Hist. du dr. romain au

mariage notamment, si la communauté nous venait des Celtes, pourquoi donc n'aurait-elle pris racine que dans quelques provinces du nord? Pourquoi pas sur toute la surface des Gaules?

Mais au moins, parmi ces débris épars du droit celtique, ne devrons-nous pas ranger une singulière institution bordelaise, la réversion des acquêts aux enfants? — Chez les Celtes, l'esprit de famille était énergiquement développé; dans les Gaules, comme dans la Germanie (1), les testaments, tenus en si grande estime à Rome, restèrent à peu près inconnus (2). Interdiction des donations entre époux (3); défense d'avantager un enfant (4); retrait lignager (5); affectation des biens à la ligne d'où ils partent (6); ces deux dernières règles suivies jusques en collatérale; tout un réseau de prohibitions retenait inévitablement le patrimoine dans la famille. Bien mieux, malgré sin absolue puissance (7), le père ne pouvait, sans le concours des enfants, aliéner définitivement les biens patrimoniaux 8). En rencontrant plus tard, dans

moyen âge. — Guizot, Civil. en France, XIᵉ leçon. — Am. Thierry, Tableau de l'empire romain.

(1) Tacite, Germ. XX.
(2) Symmachus, Epist. I, 15 Ad Auson.
(3) Laferrière, t. II, p. 82.
(4) Leges Wallicæ, 11, 15. — Très-ancienne coutume de Bretagne, 18, 206, 210.
(5) Leges Wallicæ, IV, § 203.
(6) Ibid. § 85.
(7) César, Bel. Gal., VI, 19.
(8) Laferrière, t. II, p. 98, 09.

les coutumes de Bordeaux, une institution analogue, comment ne pas se rappeler l'origine celtique de cette ville?

CHAPITRE IV.

LES GERMAINS AVANT L'INVASION.

Pénurie de documents sur cette période. — Au témoignage de Tacite, ce n'était pas la femme qui apportait sa dot, c'était le mari qui dotait la femme. « *Dotem non uxor marito, sed uxori maritus offert* (1). » Allusion satirique à la vénalité des mariages de Rome. — Mais Tacite, il faut bien le dire, dépeignait les Germains un peu comme Rousseau les sauvages, dans un accès d'éloquente misanthropie. Dans son réquisitoire contre les dépravations de l'Empire, le moraliste avait besoin d'antithèses; il les saisit au vol, sans contrôle. Trop justifiée assurément, son indignation préfère parfois aux réalités historiques, la *mordante hyperbole* de son contemporain Juvénal. — Le fait est que, tout simplement, les premiers Germains achetaient leurs femmes. Ces présents guerriers, si peu faits pour séduire la coquetterie d'une Romaine, n'étaient pas, même en Germanie, un véritable cadeau de noces, mais un prix d'achat. Leur nature le prouve, le contexte est assez significatif. « *Intersunt*

(1) Germ., XVIII.

parentes et propinqui, ac munera probant. » Aux
parents d'agréer le prix; si la femme figure au contrat, ce n'est qu'à titre de chose vendue.

Les monuments postérieurs confirment cet usage.
Dans les vieilles chartes tudesques, le verbe acheter
(*Kaufen*) est pris comme synonyme d'épouser (*Hey-
rathen*). Nous lisons, dans la loi des Saxons, que le
mari paiera trois cents sous d'or aux parents de la
fille (1). La loi des Burgondes parle textuellement de
pretium nuptiale, pretium puellæ (2). Enfin la loi
76 d'Ethelberg, roi saxon d'Angleterre, dispose : « Si
un homme veut épouser une fille, qu'il l'achète : *Pre-
tio empta sit.* »

Sous un pareil régime, pas de société conjugale
possible. Où règne l'achat de la femme, règne le des-
potisme du mari.

Mais plus tard, au quatrième, au cinquième siècle,
l'achat de la femme se dénature. Au lieu de la possession physique, c'est maintenant un pouvoir juridique,
une tutelle que les parents vendent au mari. Moins
rigoureux que la *manus* romaine, le *mundium* germanique se rapproche plus du protectorat que du despo-
tisme; c'est là même qu'il faut chercher la racine
historique de notre puissance paternelle et maritale.

Mais n'anticipons pas sur les destinées ultérieures
du *mundium*. Quelque influence qu'il ait plus tard
exercée sur le régime du mariage, toujours est-il

(1) Tit. 6, art. 1er, dans Canciani, t. III.
(2) T. XII, art. 1, 3.

qu'à l'époque actuelle, nous ne trouvons chez les Germains aucune trace d'une société conjugale. Non pas qu'il y ait témérité à supposer dès lors, entre époux, cette indivision de fait que produisent, chez un peuple pauvre et guerrier, la communauté des périls et l'impossibilité de l'avarice. Mais, en droit, la communauté conjugale n'apparaît point avant l'invasion ; l'on en ignore jusqu'à la forme la plus primitive, cette association aux acquêts qui précédera si longtemps la communauté coutumière.

Quels éléments nouveaux aurons-nous donc rencontrés chez cette race nouvelle ? Sans poétiser des peuplades barbares, s'entretuant au milieu de leurs forêts, sachons reconnaître que les Germains, instinctivement si l'on veut, professaient pour la femme des sentiments peu connus dans la Rome impériale. Ils respectaient dans ce sexe quelque chose de sacré et de prophétique ; une femme, au grand scandale de Tacite, pouvait commander à leurs guerriers. Enfin la civilisation païenne n'avait pas eu le temps de corrompre ces races jeunes et fécondes ; c'est sur elles que reposait la meilleure espérance de l'avenir.

CHAPITRE V.

LES GAULES DEPUIS L'INVASION JUSQU'A LA FÉODALITÉ.

Le vieil Empire d'Occident s'écroule, sans avoir même l'honneur d'une chute illustre (an 476). Les

Gaules, comme le monde, sont en partage : au nord,
les deux tribus des Francs ; à l'est, les Burgondes ;
au sud, les Wisigoths, qui conquièrent aussi l'Espagne.
Les Vandales ont pris l'Afrique, et les Ostrogoths l'Ita-
lie. Le reste des tribus frémissantes s'échelonnent,
en arrière-garde, au-delà du Rhin.

Mais sous le flot de l'invasion, persiste la couche
romaine. Voilà deux races en présence : l'une, avec
les codifications savantes d'une civilisation vieillie ;
l'autre, à ce contact, essayant de rédiger aussi les
traditions barbares de ses forêts. De cette situation
devait naître *la personnalité des lois.*

En même temps, en face des vainqueurs et des
vaincus, s'élève une institution qui les domine. Après
avoir converti l'Empire, l'Église se tourne vers les
Barbares à convertir. A son souffle, la race qui finit
s'efforce de rajeunir sa caducité ; à ses pieds, la race
qui commence apprend à courber sa tête indomptée.
Dans ce mélange des éléments, l'Église en introduit
un troisième, qui est l'Évangile ; et lorsque de cette
trinité féconde sortira enfin la société moderne, c'est
à l'Église qu'un monde nouveau aura emprunté une
âme nouvelle.

A notre point de vue spécial, nous étudierons :
§ 1, la législation des Germains ; § 2, la législation
des Gallo Romains ; § 3, l'influence de l'Église.

1. Législation des Germains.

C'est ici que pour la première fois apparaît enfin une sorte de communauté conjugale. Elle se manifeste d'abord par une certaine association de la femme aux gains du ménage. Mais quel en est le vrai caractère ?

Commençons par dépouiller les coutumiers barbares.

Dans la loi des Frisons, dans celle des Thuringiens, dans celle des Angles, aucune pensée pour la veuve, aucun droit sur les acquêts ne lui est accordé.

Aux termes de la loi Salique, la femme n'héritera d'aucune portion de la terre salique (art. 62, § 6); mais un grand nombre de documents lui attribuent un tiers dans les acquêts (1).

Telle est aussi la quotité fixée par la loi des Ripuaires. Elle reconnaît à la veuve ; « tertiam partem de omni re quam simul (conjuges) collaboraverint (tit. 37, § 2). »

Chez les Burgondes, la veuve qui n'a pas d'autre ressources reçoit, à condition de ne point se remarier, un droit d'usufruit sur les biens du mari prédécédé. S'il n'existe qu'un enfant du mariage, ce droit porte sur le tiers de tous les biens du mari ; il ne porte que sur un quart, s'il existe plusieurs enfants (tit. 42 et 74).

---

(1) Frédégaire, ch. 84, 85. — Pardessus, 13ᵉ diss.

3

La loi des Bavarois adjuge à la veuve l'usufruit d'une part d'enfant ; et s'il n'y a pas d'enfants, la moitié de tous les biens du mari en propriété (tit. 14, ch. 6 et 9).

Si la veuve a eu un enfant, la loi 77 d'Éthelberg, roi d'Angleterre, lui adjuge la moitié des biens du mari.

D'après la loi des Saxons, la veuve recueille la moitié des acquêts : « De eo quod vir et mulier simul conquisierint, mulier mediam partem accipiat (tit. 9, c. 1er). »

Enfin, suivant la loi germanique des Wisigoths, le mari et la femme, ou leurs héritiers, prennent dans les acquêts une part proportionnelle à leurs apports. Chacun garde par devers soi ce qu'il a pu acquérir en dehors de la collaboration commune. La veuve non remariée obtient, en outre, l'usufruit d'une part d'enfant (liv. 4, tit. 2, §§ 14 et 16).

Voilà le résumé des textes. Reste à déterminer maintenant la véritable nature de ce droit de la femme.

N'est-ce qu'un droit de succession ? Est-ce une copropriété véritable ? Question décisive ! car, malgré l'inégalité de répartition, s'il y a copropriété, voilà les origines de la société d'acquêts toutes trouvées !

1° On invoque pour la co-propriété deux ou trois formules (1). Il est vrai, dit-on, que les coutumiers ne règlent les droits de la femme que dans le cas de sur-

(1) Marculfe, lib. II, form. 7 et 17. — Lindenbrog, form. 50.

vie. Mais n'en concluons pas que les acquêts restent
pendant le mariage, ni surtout à sa dissolution, la
propriété exclusive du mari ou de ses héritiers. Loin de
là, Marculfe suppose expressément la copropriété de l'é-
pouse. Ses formules, en effet, nous montrent cette dernière faisant à son mâri donation de sa part dans les
acquêts. Ce n'est pas tout : elle prend soin d'exclure
expressément ses héritiers; sans cette clause, ce seraient donc eux qui lui auraient succédé (1).

2. Ceux qui n'accordent à la veuve qu'un gain de
survie se divisent dans la manière de répondre au premier système. — Pardessus suppose une convention
per tabularum instrumenta (2). — Nous n'avons pas
besoin, disent d'autres (3), de recourir à cette hypothèse. Le texte même de Marculfe (lib. 2, form. 17)
fournit un bien meilleur argument. Au début de
l'acte, en effet, le mari remplace, par certains biens
déterminés, la tierce portion que la femme aurait re-
cueillie au cas de survie (*in compensationem reci-
piat*). Instituée ainsi légataire de corps certains, la
femme, à la fin du testament conjonctif, lègue à son
tour au mari les mêmes objets. *Quod in tertia mea
accepi*, dit-elle. Paroles qui se réfèrent évidemment
à la première partie de l'acte. Loin de supposer une
copropriété, cette formule ne vise donc qu'un droit dé-

---

(1) Bignon, Nota ad Marculf.—Ginouillac, Hist. de la dot, p. 324.
Laferrière, Hist. du droit, éd. 1835.
(2) XIIIe diss., p. 676.
(3) Laferrière, éd. 1848, t. III, p. 164.

rivé du testament lui-même. La femme restitue au
mari, s'il survit, les biens que le mari lui a déjà légués
en compensation de sa tierce partie ; voilà tout. Enfin, si la veuve se remarie (*ce qu'à Dieu ne plaise*),
le mari la prive de sa part dans les acquêts pour les
attribuer intégralement à ses héritiers propres. Comment le pourrait-il si la femme était copropriétaire ?
— Ajoutons que la rudesse du *mundium*, à cette
époque, ne permet guère de supposer une véritable
association, et que le style de la femme n'est pas
d'une associée (*Dominus,... ancilla,... in servitio
tuo*).

Rien d'étonnant enfin que des formules, dont l'objet principal n'est pas celui qui nous préoccupe, laissent quelques éclaircissements à désirer. Nouveau
motif pour ne pas préférer une interprétation douteuse
aux textes mêmes des coutumiers qui ne parlent jamais
que de la veuve.

Voilà pour l'époque mérovingienne. Au commencement du neuvième siècle nous rencontrons un nouveau
document. C'est un capitulaire de Louis le Débonnaire
en date de 821. Il contient deux dispositions : d'abord
Louis accorde à la veuve le tiers des acquêts provenus
des *Bénéfices* ; la nature encore viagère et personnelle
de ces concessions aurait pu inspirer des doutes. Ensuite, l'Empereur confirme les droits de la veuve sur les
acquêts provenant de toute autre source. Peut-être
même la rédaction un peu amphibologique du Capitulaire pourrait-elle faire supposer que, dans ce dernier

cas, Louis élève d'un tiers à une moitié la part de la
veuve (1).

Mais ce Capitulaire, en confirmant les droits de
la veuve dans les acquêts, en dénature-t-il le caractère? Rien dans le texte ne l'indique; c'est toujours un gain de survie. Les mots *defunctorum…
post obitum maritorum…*, le silence gardé par l'empereur sur le cas de prédécès confirment notre interprétation.

Nous concluons que chez les Francs, et généralement chez les barbares, la veuve n'avait qu'un droit
de survie sur les acquêts.

Un peuple cependant fait exception. Chez les Wisigoths, le droit de la veuve dépouille tout caractère
équivoque. Ici les conjoints ou leurs héritiers partagent les acquêts du ménage, au prorata de leurs apports respectifs; sans doute l'égalité n'est que proportionnelle aux mises; sans doute, c'est plutôt encore
une association des capitaux qu'une société des personnes; néanmoins un grand pas est fait : la femme
est copropriétaire.

§ 2. Législation des Gallo-Romains.

Avec la conquête, les Romains avaient implanté le
régime dotal dans les Gaules. Mais le contact des
races modifia leurs institutions respectives. Aux vainqueurs les Gaulois empruntèrent l'usage des testa-

(1) Anségise, lib. IV cap. 9.

ments ; peut-être les Romains empruntèrent-ils aux vaincus la *donatio propter nuptias* (1).

Quoi qu'il en soit de ses origines, cette forme de donation prit grande faveur aux derniers siècles de l'Empire. L'Empire détruit, les Gallo-Romains la conservèrent, en lui faisant subir diverses modifications.

A cette époque, le Bréviaire d'Alaric devint leur code (an 606). Promulgué d'abord pour les sujets romains des Wisigoths, il fut bientôt reçu par ceux des Francs et des Burgondes.

Tant de péripéties législatives ne changèrent guère le fond du droit matrimonial : l'idée fondamentale, c'était toujours la séparation des intérêts. En vain, pour combler la distance, les époux jetaient-ils entre eux la dot et la donation anté-nuptiale ; efforts inutiles ! le droit païen ne pouvait les réunir.

Mais le Bréviaire à son tour fut altéré. Aux exigences d'une société rajeunie, la dotalité pure ne suffisait plus. Nouveauté de la situation, contact des Wisigoths, inspirations ecclésiastiques, tout conspirait pour introduire plus de confiance et d'union dans le mariage. Accablés sous la conquête, les vaincus cherchaient dans la famille une consolation à la servitude. Dans cette communauté du malheur, qui mûrit parmi les opprimés les institutions égalitaires, les époux gallo-romains nivelèrent leur situation. Plus compatissante pour les petits, mieux écoutée par les faibles,

(1) Affirm. Laferrière, t. II, p. 467. V. Cod. Théod. III, 5, 2. — Nég. Ginouilhac, p. 113.

l'Eglise présidait à une transformation animée de son véritable esprit.

Les Formules rendent au vif ce travail de fusion juridique. Appuyé sur elles, nous oserions dire que, dès le septième siècle, s'introduisit un droit coutumier dont une des plus notables parties fut le droit matrimonial chrétien. Les principes même du droit romain favorisaient le mouvement : ils laissaient aux époux, on se le rappelle, la plus entière liberté de contracter entre eux. On dut s'autoriser de la permission pour stipuler sur les acquêts. En faisant violence à l'esprit de l'ancien droit, on paraissait en respecter la lettre. Ainsi passait dans la pratique la théorie de la société conjugale; ainsi dut s'accomplir une révolution dont les preuves, il faut l'avouer, sont plus morales que matérielles, mais qui, par d'irrécusables résultats, affirmera bientôt son triomphe.

C'est ainsi que nous comprenons les origines de la société d'acquêts dans le Midi. En insérant dans le *dotalitium* un pacte sur les gains à venir du ménage, les mœurs assortissent le régime dotal aux exigences nouvelles de la situation.

§ 3. Influence de l'Eglise.

Constater chez les vainqueurs et chez les vaincus l'apparition presque simultanée d'un droit nouveau, ce n'était que la première moitié de notre tâche. Mais sous quelle inspiration supérieure Romains et Barbares ont-ils conçu cet idéal nouveau, où n'avait pu les élever ni la maturité de la science, ni la pureté des mœurs primitives? Quelle puissance, au berceau d'une société nouvelle, a régénéré dans le mariage la source même des sociétés?

Cette inspiration, c'est l'Évangile; cette puissance, c'est l'Église. Établissons-le par les faits.

Quelques lois restent-elles insensibles au sort précaire de la veuve? Ce sont précisément les plus réfractaires à l'influence ecclésiastique : loi des Frisons, loi des Thuringiens, loi des Angles.

Dans les lois des deux tribus franques, au contraire, la veuve est associée aux acquêts. Mais qui donc a dicté ces lois? Le texte latin de celle des Ripuaires nous vient de Dagobert, l'élève de saint Arnould, l'ami de saint Éloi, le bienfaiteur des abbayes; et le préambule prend soin de déclarer qu'elle est rédigée *secundum legem christianorum.* Quant à la loi Salique, on sait avec quelle vivacité son *grand prologue* trahit l'enthousiasme d'une conversion récente, et la rédaction *Emendata* nous vient de Charlemagne, le grand empereur catholique du moyen âge.

C'est encore à ce rude convertisseur des Saxons que nous devons la rédaction de leur loi. Cette loi fait remarquer elle-même (tit. IX) que sa disposition en faveur de la veuve n'était reçue que dans une partie du pays; or, c'était précisément dans la région la mieux soumise, la mieux convertie, dans cette Westphalie que Charlemagne avait couverte d'évêchés. Gardant, avec leur liberté, leur paganisme, les

Ostphaliens repoussèrent l'innovation du conquérant.

Voici maintenant les lois des Bavarois et des Burgondes. La première fut rédigée, conjointement avec
celle des Saliens, par les ordres de Dagobert ; la seconde, à un moindre degré peut-être, révèle néanmoins, par sa rubrique, l'influence de la nouvelle
religion.

Quelle est enfin de toutes ces lois la plus favorable à
la femme? C'est en même temps la mieux empreinte
du cachet ecclésiastique : celle des Wisigoths. Chez
eux, la grande assemblée nationale, c'était le concile
périodique de Tolède (1) ; là, sous l'autorité des évê-
ques, se délibéraient et se promulguaient les lois.
Dans leur régime matrimonial notamment, tout ce
qui ne dérive pas du droit romain est emprunté au
droit canonique. Et les dispositions les plus impor-
tantes sont dues précisément à Récarède, le premier
des rois wisigoths qui, par sa conversion de l'aria-
nisme à l'orthodoxie, ait mérité le nom de catholique
(586-601).

Quel enseignement dans cet examen ! Chez les
Frisons, chez les Thuringiens, chez les Angles païens
encore, nul souci de la femme, nulle commisération
pour son veuvage. Mais arrivons chez les Saliens,
chez les Saxons convertis, chez les Ripuaires ; voici
déjà le droit aux acquêts qui s'affirme. Avançons encore : nouveau progrès chez les Bavarois et chez les

---

(1) Proclamation du « Fuero Juzgo » au concile de 688.

Burgondes; ici le droit de la femme ne se borne plus
aux acquêts, il s'étend sur les biens propres du mari; il
devient ainsi une sorte de douaire; chez les Wisigoths
enfin (triomphe du droit canonique), nous trouvons,
entre les époux, le douaire et la société. Voilà ce que
l'Église a fait pour la femme; lorsqu'un coutumier « *In
nomine Christi incipit...*(1) » soyez assuré que l'épouse
ne sera point oubliée. Partout son affranchissement est
en raison directe de la part que prend le clergé dans
la rédaction des lois. Des forêts de la Thuringe au
concile de Tolède, que l'on mesure la distance !

Conclusions.

Après l'invasion, une société retrempée réclame,
dans le mariage surtout, une rénovation juridique. A
la dotalité pure, généralement jugée insuffisante, s'ad-
joint ou se substitue une certaine participation de la
femme aux acquêts.

C'est ainsi que chez les Barbares, et sous la rédaction du clergé, le *dotalitium* ou, à son défaut, la loi
consacre pour la veuve un droit de succession ou de
douaire. — Les capitulaires confirment ce droit primitif, mais sans en modifier le caractère.

C'est ainsi encore que, chez les Gallo-Romains, les
mœurs se servent du *dotalitium* pour joindre à la dot
la société d'acquêts, régime qui, sous l'influence des
conciles, est consacré chez les Wisigoths.

(1) Formule fréquente en tête des Coutumiers. V. Canciani.

Les droits de la femme sont donc puisés, suivant les circonstances, à deux sources : l'une conventionnelle, c'est le *dotalitium*, l'autre légale, c'est le gain de survie des lois barbares et des capitulaires. Le *dotalitium* dérive davantage de l'élément romain ; le gain de survie, de l'élément barbare ; mais tous les deux s'inspirent de l'esprit chrétien.

Par leur moyen, se crée dans le Nord un droit successoral de la femme, qui prépare la communauté coutumière; par leur moyen, dans le Midi, le pacte des acquêts s'attache à la dot.

C'est donc dans les origines mêmes de notre société moderne qu'il faut chercher celles de la société d'acquêts. Lorsque, pour la première fois, un prêtre chrétien bénit l'union d'une fille de Romulus avec un descendant d'Hermann, ce jour-là, pour un idéal nouveau, le mariage réclama une forme nouvelle : la société d'acquêts, prélude d'une association plus large, était née.

CHAPITRE VI.

HISTOIRE DE LA COMMUNAUTÉ COUTUMIÈRE.

Nous ne suivrons plus en détail l'histoire juridique du Nord.

Comment, par une évolution nouvelle, le gain de survie se transforma-t-il en communauté coutumière ? Problème trop capital pour le discuter entre parenthèses. Laissons les uns revendiquer pour la Germanie les honneurs de ce nouveau progrès (1); suivons, d'un regard plus sympathique, les éloquents défenseurs de la France (2) ; mais suivons-les du regard seulement. Heureux que la spécialité du sujet épargne à notre faiblesse les périls de la mêlée, nous répéterons avec le poète :

Non nostrum inter vos tantas componere lites.

Et pourtant, que l'on nous permette de motiver un peu nos sympathies. Si notre communauté est germanique, comment d'un régime barbare, où le mari achète la femme, où il exerce sur elle un pouvoir absolu, comment est sorti ce système d'association, de confiance, à tendances égalitaires, si français et si chrétien? Si notre communauté est germanique, pourquoi donc, connue en France dès le onzième siècle, ne s'est-elle vulgarisée en Allemagne qu'avec le grand mouvement industriel et commercial du seizième? Pourquoi les législations les plus fidèles aux vieilles traditions germaniques (la loi anglaise, par exemple) ont-elles précisément refusé de l'adopter? Si notre communauté n'est qu'un développement logique du *mundium* marital, comment expliquera-t-on son histoire?

Non; n'en cherchons pas les origines en dehors de

(1) Philips, Eichhorn, Mittermaïer, Ginouillac (Hist. de la dot, p. 283 à 320).

(2) Montesq., Esprit des lois, VII, 15. — Laferrière, Troplong, Préface du cont. de mar.

la France. — Après les terreurs de l'an mil, et dans le grand essor national du onzième siècle, tout se renouvelle : la société conjugale comme le reste. On sait la passion du moyen âge pour l'association. Ordres monastiques, communes bourgeoises, ligues du baronnage, corporations ouvrières et marchandes, fraternités, *hermandades*, autant de formes où s'incarne l'esprit dominant de l'époque. Et le mariage, ce type primitif et suprême des sociétés, aurait seul résisté à l'entraînement général ! Déjà, d'ailleurs, les communautés serviles, les sociétés taisibles entre frères, préparaient l'avénement du nouveau régime. Aussi la communauté conjugale n'est-elle qu'une espèce de communauté tacite introduite par l'usage (1) ; plusieurs coutumes mêmes, et celles qui reflètent le mieux les mœurs primitives, exigèrent le laps d'an et jour. Voilà ce qu'affirme l'histoire ; et si nous permettons au *mundium* d'expliquer quelques particularités, la mainbournie par exemple, nous lui aurons fait sa part légitime.

Ainsi, en suivant la voie tracée par le capitulaire de 821, la société des Francs se métamorphose. Elle englobe les meubles, elle porte à une moitié la part de la femme, qui change en copropriété son droit de succession.

Dans ce mouvement commun cependant, la distinction des castes distingue les institutions. Une recru-

(1) Coquille, quest. 64.

descence de germanisme avait organisé la féodalité ;
une réaction populaire s'affirme dans les coutumes.
Pour les familles nobles, le droit des fiefs répugnait à
une égalité trop complète : on s'arrête à la compagnie
des gentilshommes. Dans les ménages bourgeois, un
esprit plus égalitaire introduit la compagnie roturière,
et c'est là surtout, sous l'inspiration de l'Église et de
son droit canonique, ces grands protecteurs de la
femme (1), que se développe le régime national.

La différence des institutions était même si sensible
que des auteurs refusent de croire qu'à cette époque
la communauté existât déjà entre conjoints nobles.
Mais leurs arguments ne nous touchent point. Le préciput du conjoint survivant, en effet, était un droit
commun aux deux sexes ; la renonciation de la *dame*
ne s'introduisit que postérieurement et comme privilège ; enfin, l'ordonnance de Philippe-Auguste, que
l'on invoque, ne régissait que la Normandie, pays de
non-communauté. Mais nous voyons, lorsque la femme
noble prédécède, sa part dans les acquêts revenir fina-
lement à ses héritiers. Imparfait et moins équitable,
si l'on veut, ce régime n'en était donc pas moins une
communauté.

Longtemps ainsi, l'antithèse féodale et coutumière
persiste. Mais les nivellements du progrès appelaient
un compromis. Peu à peu, gentilshommes et roturiers
transigent. Les premiers apportent l'omnipotence

(1) Concile d'Arles, an 534. — Lettre d'Urbain III au chapitre de
Lizieux, 1185.

maritale, le préciput du conjoint survivant, le droit de renonciation de la veuve ; les roturiers, de leur côté, apportent l'idée de l'association, de l'égalité entre les époux. On voit de quelle part se trouvait le meilleur apport. Les mœurs fusionnent, au seizième siècle, les institutions des deux castes. Le privilége de renonciation, communiqué de la *dame* à *la bourgeoise* ; quelques coutumes étendant même aux roturiers le préciput du survivant noble (1) ; la compagnie des roturiers imposant à celle des gentilshommes ses théories plus égalitaires ; la condition de la femme améliorée par l'introduction de deux nouveaux priviléges ; la jurisprudence organisant les remplois, les récompenses, l'hypothèque légale, telles sont les péripéties de l'ancien droit. De plus en plus, l'idée de société prédomine, et c'est ainsi que la communauté passe dans le Code, portant encore toute fraîche l'empreinte des transactions acceptées, et révélant à l'observateur la dualité de ses origines.

Tel était le droit commun dans le Nord. Rendu légal par Philippe-Auguste, le douaire couronnait tout le système. Mais très-fréquemment la pratique modifiait le type officiel. Deux clauses géminées notamment : la réalisation du mobilier, l'exclusion des dettes, s'insinuaient dans le style du tabellionage, surtout à Paris.

Mais tournons enfin les yeux vers le Midi, vers ces

---

(1) Dans la coutume de Paris, la noblesse du mari anoblissait *la veuve* à cet effet.

provinces romanistes qui forment le royaume héréditaire de la société d'acquêts. Tandis que, dans la France coutumière, ce régime n'a qu'une existence douteuse d'abord, et plus tard non officielle, il fleurit ici sans contrainte, à l'ombre du régime dotal. Quelques provinces du Nord, il est vrai, le pratiquent également. Ainsi les deux Bourgognes en font leur droit commun, et quelques districts même, comme la Bresse (1), y joignent la réversion aux enfants ; ainsi encore, les Normands imaginent une société des acquêts immeubles. — Mais c'est dans le Midi, sa terre classique, c'est surtout à Bordeaux, sa métropole, qu'il en faut étudier le développement.

CHAPITRE VII.

LES DEUX COUTUMES DE BORDEAUX.

Bordeaux est une colonie celtique au milieu de l'Aquitaine. Fuyant les aigles victorieuses de César, une bande de Bituriges-Vivisques déserta le pays de Bourges pour chercher asile au sud de la Garonne. Les fuyards s'installèrent aux bords du fleuve, dans un bourg abandonné par les Aquitains. Bientôt, à leur suite, les Romains y pénétrèrent ; mais ils lui donnèrent un nom qui rappelait son origine : ce fut *Burdigala*, ou le Bourg des Gaëls (2).

(1) Dalloz, Cont. de mar., nos 2878-9.
(2) Strabon, Géogr., liv. 4. — Dom Devienne, Disc. prélim. — L'abbé O'Reilly, Hist. de Bordeaux, t. I, p. 20.

Première coutume.

Pourquoi n'étudier la coutume de Bordeaux que dans sa rédaction française de 1520 (1) ? Dans son patois, la première coutume offre à l'historien un bien plus vif intérêt : couleur locale, détails naïfs et pittoresques, vieux goût du terroir. Moins méthodique, moins épurée, il est vrai, que la seconde, elle a moins subi, en revanche, l'influence des romanistes et le nivellement de l'ancien régime.

De la domination anglaise (1152-1453), date l'ancienne splendeur de Bordeaux. La Mairie et la Jurade sont instituées, des statuts rédigés pour les corporations ouvrières, et, par les *Rooles d'Oléron* (avant 1266), la prospérité du commerce assurée. — C'est dans cette période aussi que se rédige la coutume (2). La date, restée inconnue, doit remonter au xive siècle, probablement après l'année 1344 (*las coustumas*, § 176). C'est un recueil sans méthode, écrit en dialecte gascon, et comprenant 242 paragraphes, dont plusieurs paraissent ajoutés après coup. Par une indépendance rare dans les pays de droit écrit, la coutume, non contente d'affirmer sa supériorité, relègue

(1) Pourquoi les vieux jurisconsultes bordelais n'ont-ils pas recherché les origines des institutions locales ? Il faut bien le dire, les Automne, les Salviat, les Lapeyrère, les Lamothe, érudits et praticiens, ont absolument négligé l'histoire. On retrouve chez Tessier, avec la même érudition, la même négligence.

(2) T. V, p. 579. — Las Coustumas, §§ 107-109.

encore le droit romain après les coutumes analogues et après la raison naturelle.

Ont trait au contrat de mariage les §§ 56, 82, 83, 97, 98, 102 à 105, 108 à 114, 168, 174, 178, 181, 195, 242.

Les époux sont soumis au régime dotal. Mais la dot est aliénable du consentement de la femme, sauf à celle-ci de faire révoquer les aliénations, si le mari est insolvable (§§ 113, 114). Système qui offre des analogies avec la loi 30, au Code, *De jure dotium*, et aussi avec le Statut normand.

Le mariage dissous, le mari ne peut pratiquer aucune des retenues qu'autorisait l'ancien droit romain. Plus sévère que Justinien (1), la coutume lui interdit la répétition des impenses, même nécessaires, qui n'auraient pas été faites avec autorisation de justice (§ 168).

La société d'acquêts n'est pas statutaire. Au contraire, *las conquestas* restent soumises à toutes les règles dotales des Romains (§§ 82, 83, 108, 111).

Mais cette rigueur est mitigée, un peu en faveur de la femme, beaucoup en faveur des enfants.

En faveur de la femme. Disposition remarquable ! Dans un système où la femme n'est pas associée, ses reprises dotales n'en sont pas moins assurées sur les acquêts (§§ 108, 108) La seconde épouse peut même exercer ses droits sur les acquêts recueillis par le mari dans un premier mariage (§ 111).

(1) C. l. 1 § 15 De rei uxor. act.

En faveur des enfants. La réversion des acquêts aux enfants est statutaire. Durant le mariage, le père ne peut en disposer à titre gratuit à leur préjudice (§ 82). S'il prédécède, les acquêts reviennent, non pas à la mère, mais aux enfants (§ 82); à leur défaut, aux parents du mari. Les enfants du second lit recueillent même les acquêts d'une première union stérile. Mais c'est au prédécès de la mère que se produit l'effet le plus remarquable. Aussitôt le père cesse d'être propriétaire exclusif des acquêts ; il ne garde que l'usufruit viager de la masse (§ 110); la nue-propriété se partage, moitié pour lui, moitié pour les enfants. Tant que dure l'indivision, le père ne peut vendre les acquêts immeubles (§ 110). Et les enfants ont le choix, ou bien de provoquer le partage, mais alors le père deviendra maître de sa moitié ; ou bien de le maintenir dans l'indivision forcée, sans possibilité aucune d'en sortir (§ 82, 83, 108 à 110); moyen pour eux de s'assurer la totalité de l'héritage.

Telle était, en raccourci, cette combinaison favorite du Bordelais. Malgré la disparition du droit celtique, évanoui sans traces sérieuses, il est impossible de n'en pas remarquer ici une sorte d'image et de ressemblance. Est-ce que malgré les Romains, malgré les Francs, malgré les Anglais, la vieille colonie des Bituriges aurait conservé dans sa coutume cette tradition de son origine?

Laferrière semble croire (1) que, sous cette pro-

(1) T. V, p. 579. — Las Coustumas, §§ 107-109.

mière coutume, la société d'acquêts entre époux était
absolument prohibée ; les textes prononcent, en effet,
que la femme ne peut recueillir aucune part dans les
acquêts. — Nous ne laissons pas néanmoins que de
concevoir quelques doutes sur une interprétation aussi
rigoureuse. La société d'acquêts n'était point prohibée
par le droit écrit ; déjà, chez les Gallo-Romains, nous
avons cru l'entrevoir vaguement ébauchée ; plus tard,
le contact de Bordeaux avec les pays coutumiers,
l'essor précoce du commerce, la participation active
qu'y prenait la femme, tout réclamait pour celle-ci un
régime plus rémunérateur que la dot. Comment croire
dès lors que la société d'acquêts ait attendu pour s'organiser la réformation du seizième siècle ? Les textes
allégués, à notre estime, prouvent seulement que ce
régime n'était pas statutaire ; or, même à l'apogée de
son règne, il ne le fut jamais à Bordeaux. — Aussi
croirions-nous volontiers que, sous la première coutume, la société contractuelle existait déjà. Mais préciser la date de sa naissance est une tâche devant laquelle nous reculons. Sous les ténèbres des siècles
de transition, la perte des documents nous dérobe le
mystère de ces origines ; n'est-ce pas là d'ailleurs
l'histoire de tout notre droit coutumier ?

Seconde coutume de Bordeaux (1).

Après que les victoires de Charles VII eurent rat-

(1) Voir le Traité de la société d'acquêts, de Tessier.

taché la Guienne à la couronne (an 1453), Louis XI
institua pour ces nouvelles provinces un nouveau Parlement. Le 15 janvier 1520, des lettres patentes de
François Iᵉʳ ordonnèrent la rédaction des coutumes du
ressort.

Il comprenait trois espèces de territoires. Les uns
suivaient exclusivement le droit romain (Agenais,
Périgord); d'autres se rattachaient à la coutume de
Bordeaux, c'était en général la circonscription de l'ancienne sénéchaussée de cette ville (1) ; d'autres enfin
suivaient leurs coutumes particulières au nombre de
treize (Bayonne, Labourd, Saintonge, etc.). Mais
partout c'était le droit romain qui suppléait au silence
des coutumes.

Dans la seconde coutume de Bordeaux, le régime
du mariage est toujours la dotalité. Elle offre néanmoins quelques particularités. — La loi *assiduis* n'est
pas admise comme à Toulouse ; — c'est le mari qui
administre les paraphernaux (§ 42) ; — la femme peut
stipuler qu'au décès du mari, elle sera rétentionnaire
des biens de celui-ci, et par là préférable aux créanciers (§ 52).

A côté de cette dotalité statutaire, il était presque
de style de stipuler la clause suivante :

« Les époux s'associent aux acquêts, qu'ils décla-
rent affecter aux enfants à naître de leur union, sous

_____

(1) On en trouve la délimitation exacte dans les frères Lamothe,
t. 1, p. 35.

la réserve de pouvoir avantager desdits acquêts un ou
plusieurs des mêmes enfants. »

Clause qui se décomposait en trois dispositions :
1° société d'acquêts entre les époux ; 2° réversion des
acquêts aux enfants ; 3° faculté pour les époux
d'avantager, sur les acquêts, un ou plusieurs des enfants.

I. *Société d'acquêts.*

Elle n'était pas statutaire, non plus que dans la première coutume (§ 26). — Elle devait être expressément stipulée, mais sans termes sacramentels. — Elle
ne commençait que du jour de la bénédiction nuptiale.
— Stipulée après le mariage, elle valait du moins
comme donation à cause de mort. — Elle pouvait être
stipulée entre époux, nonobstant une précédente donation de tous biens faite par le conjoint à des enfants
d'un premier lit. — Cette société ne portait du reste
aucune atteinte à l'inaliénabilité de la dot. — Réglée
par le droit commun des sociétés, elle était susceptible
de toute convention licite ; par exemple, on stipulait
fréquemment que tout l'actif social appartiendrait au
survivant des époux soit en pleine propriété, soit en
usufruit seulement. Mais si tous les acquêts devaient
rester au survivant, les dettes sociales étaient à sa
charge, nonobstant toutes stipulations contraires
(Cf. 1525 C. N.). Pas plus que pour les autres con-

ventions matrimoniales, il n'était besoin de stipuler la société par acte public ni de la faire insinuer. — La simple société d'acquêts n'était pas sujette au retranchement de la loi *hac edictali*. Mais la jurisprudence hésitait sur les deux questions suivantes : 1° si le retranchement ne devait pas avoir lieu, au cas où le survivant des époux devait retenir tout l'actif en propriété ou usufruit, et 2° si, dans ce même cas, la légitime n'était pas due aux enfants sur la portion d'acquêts du prédécédé.

§ 1. Actif de la Société.

Elle comprenait tous les biens acquis pendant le mariage par les deux époux ensemble ou séparément, même par la femme marchande publique. On présumait que les acquisitions faites par la femme mariée, l'étaient avec les fonds du mari ou de la société. Les acquêts appartenaient à la société, quand même le prix en avait été payé par l'un des époux, de son argent, après la société finie.

Étaient acquêts : 1° les immeubles donnés au mari en paiement de la dot constituée à sa femme; 2° les biens acquis des deniers dotaux, quoique l'emploi en eût été stipulé, si la déclaration d'emploi n'avait pas été faite dans le contrat d'achat; 3° l'héritage acquis pendant le temps intermédiaire entre la sentence de séparation et le jour de rétablissement de la société;

4° le gain fait à la loterie, lorsque le billet avait été acheté des deniers sociaux; 5° l'office vénal acquis pendant le mariage. Mais comme le titre était inhérent à la personne du mari, celui-ci, à la dissolution de la société, avait le droit personnel de retenir l'office, en payant aux héritiers de la femme la moitié du prix d'achat; 6° les fruits et revenus des biens appartenant aux époux, même ceux des paraphernaux de la femme; 7° les gains survenus aux époux par l'exercice de leur profession ou d'un travail quelconque, etc., etc.

N'étaient pas acquêts : 1° les biens dont le titre d'acquisition était antérieur au mariage; 2° les biens acquis par subrogation réelle à un propre; 3° ou par succession, donation ou legs; 4° les manuscrits des ouvrages composés par les époux, ni les ouvrages qu'ils avaient fait imprimer pendant le mariage; mais les bénéfices qu'avaient procurés les éditions publiées durant le mariage, tombaient comme fruits dans la société; 5° les inventions et découvertes faites par les époux; etc., etc.

§ 2. Passif de la Société.

Les dettes présentes n'y étaient pas comprises. Mais toutes les dettes contractées pendant la durée de la société y tombaient, sauf les mêmes exceptions, en général, que pour la communauté coutumière.

§ 3. Administration.

Le mari, chef de la société, avait la libre administration des acquêts, qu'il pouvait grever de dettes, hypothéquer, aliéner à titre onéreux ou gratuit.

Cependant son pouvoir n'était pas *en immensité et sans bornes.* Comme dans la communauté coutumière, il ne pouvait disposer qu'en faveur de personnes capables, sans fraude et sans exagération. Si la femme ne trouvait pas ailleurs ses reprises, elle avait son recours contre les tiers qui avaient contracté avec le mari (1).

Il ne pouvait disposer par testament que de sa moitié des acquêts.

§ 4. Dissolution.

La société finissait : 1° par la mort naturelle. Et cela quoique le survivant n'eût pas fait inventaire. On n'admettait à Bordeaux ni la continuation de communauté ni la communauté composée (2) ; 2° par la mort civile. Mais, dans le ressort de Bordeaux, elle n'entraînait pas confiscation (3) ; 3° par la séparation de corps ou de biens.

La société dissoute pouvait être rétablie par le consentement des époux.

(1) Arrêt de Bordeaux, 4 août 1823.
(2) Recueil m. s. des attestations du barreau, 4 janvier 1694, etc.
(3) Salviat, p. 299. Appostillateur de Lapeyrère, let. C. n° 103, in fine.

§ 5. Acceptation et partage.

La veuve pouvait renoncer pendant trente ans, sans rapporter d'inventaire. On exigeait seulement un simple état assermenté des objets qui existaient au décès du mari. L'art. 5 du tit. 7 de l'ordonnance de 1667 ne s'appliquait qu'à la communauté coutumière (1).

La séparation de biens tenait lieu de renonciation à la communauté, la femme en se séparant y renonçait tacitement (2).

La femme contre laquelle la séparation de corps avait été prononcée pour adultère perdait tout droit dans la société.

La renonciation était régulièrement irrévocable.

Passons à l'acceptation. En droit coutumier, elle était irrévocable. En était il de même pour la société d'acquêts ? Cette question a partagé les jurisconsultes bordelais. Nous croyons qu'elle n'était pas irrévocable (3).

Malgré son acceptation, la femme n'était tenue de sa moitié des dettes qu'à concurrence de son émolument, à condition de produire un inventaire ou un état assermenté.

(1) Arrêt de Bordeaux, 14 thermidor an VIII.— Merlin, Questions de droit, t. IV, p. 688.

(2) Tessier, Soc. d'acquêts, n° 173. — Notes m. s. de M. Beaune sur Lapeyrère, let. C, n° 44.

(3) Arrêts de Bordeaux, 14 therm. an VIII, 10 août 1827. — Tessier, n° 183.

Réversion des acquêts aux enfants.

Dans la première coutume, elle était toujours statutaire.

Dans la seconde coutume, la réserve statutaire n'existait plus qu'à titre exceptionnel. Elle n'était admise qu'au cas où il y avait des enfants de différents lits. Même en ces termes, les pays du ressort qui suivaient le pur droit romain la repoussaient. La coutume de Bordeaux ne l'admettait que pour les acquêts immeubles, et seulement si l'époux binube n'en avait pas disposé. Parmi les coutumes locales, celle de Saintonge était la seule à l'admettre sans cette dernière condition et pour tous les acquêts.

Hormis ces cas, la réserve n'était que contractuelle. Elle n'en était pas moins généralement usitée.

Cette réserve pouvait se faire sans termes sacramentels, dans un contrat de mariage sous seing privé; elle était dispensée de l'insinuation. Elle était considérée comme donation à cause de mort non préciputaire.

Durant le mariage, les époux, n'ayant donné qu'après leur mort, restaient propriétaires des acquêts. Ils pouvaient en disposer à titre onéreux, mais pas à titre gratuit.

A la dissolution du mariage, si les enfants se portaient héritiers purs et simples, cette adition effaçait leur titre de donataires à l'égard des enfants d'un autre lit, les qualités d'héritier et de donataire étant incompatibles entre enfants cohéritiers.

Mais ils conservaient leurs droits, s'ils renonçaient ou n'acceptaient qu'au bénéfice d'inventaire. Ils étaient alors saisis de la portion d'acquêts de l'auteur prédécédé ; celle du survivant leur était seulement dévolue.

Ils avaient une action en partage contre l'époux survivant, malgré l'usufruit de ce dernier sur la moitié d'acquêts. Le partage se faisait par portions égales entre les enfants, qu'ils fussent ou non de différents lits.

L'époux survivant n'était pas simple usufruitier, mais réellement propriétaire des acquêts dévolus. En cas de prédécès des enfants sans postérité, il était censé n'avoir jamais cessé de l'être. Mais sa propriété n'était qu'imparfaite. Il ne pouvait vendre ni hypothéquer les acquêts dévolus sans le consentement des enfants, si ce n'est pour payer les dettes de la société dissoute. Ces acquêts, pour toute autre cause, étaient également insaisissables par les créanciers.

Au décès de l'époux survivant, les enfants pouvaient agir en délaissement contre les tiers acquéreurs des biens dévolus, à moins qu'ils ne se portassent héritiers purs et simples.

Élection d'enfant.

En l'absence même de stipulation expresse, chaque

époux, quoique remarié, pouvait faire choix d'un enfant pour recueillir sa portion d'acquêts. Cette faculté
pouvait être transmise à l'époux survivant, mais celui-ci ne pouvait la céder à un tiers, ni même la transmettre à ses héritiers.

Le choix pouvait être fait d'un enfant ou de plusieurs. — La légitime devait être laissée aux enfants
qui n'étaient pas choisis. — On ne pouvait grever
l'élu de substitution, même au profit d'un éligible. —
Le choix était irrévocable, quand il était fait par contrat de mariage ou par acte entre-vifs dûment accepté.

A défaut de choix, les acquêts se partageaient également entre tous les enfants.

DEUXIÈME PARTIE

—

SECTION PREMIÈRE.

CHAPITRE VIII.

QUESTIONS TRANSITOIRES.

Il y aurait un long chapitre à écrire sur les questions transitoires; mais il manquerait d'intérêt pratique. Trop peu de vieillards survivent qui se soient mariés sous la Coutume. Bornons-nous donc à rappeler les principes.

1° La loi ne peut rétroagir contre les droits acquis, même conditionnels. Mais elle n'est pas tenue de respecter les simples expectatives. Exemples :

Sous la Coutume, deux époux avaient stipulé l'usufruit des acquêts pour le survivant. L'un d'eux meurt après la promulgation du Code. L'autre doit-il fournir caution aux termes de l'art. 601? Non; cet usufruit était un droit acquis que le législateur n'a pu modifier (1).

Sous la Coutume, deux époux, dont l'un avait des enfants d'un premier lit, s'étaient fait donation des acquêts au survivant. Dissolution de leur société sous l'empire du Code. Comment régler l'action en retranchement ouverte, par le nouveau comme par l'ancien

(1) Arrêt de Bordeaux, 29 avril 1809.

droit (1), aux enfants du premier lit? Par l'ancien droit : au lieu de l'art. 1098, C. N., il faut appliquer la loi *Hac edictali*. Différence : le survivant doit être réduit à une part d'enfant légitime le moins prenant, mais cette part peut dépasser le quart des biens. C'était un droit acquis pour les époux.

Nul doute qu'on ne doive respecter les réversions des acquêts aux enfants stipulées avant le Code. Peu importe qu'elles fussent subordonnées à la condition pour les enfants de ne pas accepter purement et simplement l'hérédité de leurs auteurs; les droits acquis, même conditionnels, échappent à la loi nouvelle (article 2,1179 C. N.). — De même si les enfants d'un autre lit réclament sur les acquêts ainsi réservés le complément de leur légitime, on doit en calculer le montant d'après la loi contemporaine du contrat de mariage (2).

Depuis le Code, un époux marié sous la coutume peut-il encore élire un enfant pour recueillir sa moité d'acquêts? Peut-il transmettre ce droit à son conjoint survivant? Malgré l'opinion de Tessier (n° 404), il nous semblerait que ce ne sont pas là des conséquences immédiates du contrat; aussi croirions-nous qu'à partir du Code, ces facultés ne peuvent plus être exercées, faute d'avoir été réduites en actes en temps opportun (3).

(1) Tessier, Soc. d'acq., n°ˢ 11 et 16. — Toullier, V, p. 186. — Rodière et Pont, II, n° 360.
(2) Tessier, n° 377. — Duranton, I, 56.
(3) Grenier, Donat., t. III, p. 473.

2° Mais, si les droits acquis par contrat restent soumis à la loi ancienne, la nouvelle peut, du moins, en subordonner l'exercice à certaines formalités. Exemples : Dans l'ancienne jurisprudence, la femme, même séparée de corps ou de biens, avait trente ans pour renoncer à la communauté. Aujourd'hui, l'art. 1463 ne lui accorde que trois mois et quarante jours. Quoique mariée sous l'ancien droit, la femme dont la communauté se dissout sous le Code est réduite au nouveau délai.

L'on admettait autrefois à renonciation la femme qui produisait un simple état assermenté. Aujourd'hui l'on exige un inventaire public. Si donc une société d'acquêts, contractée avant le Code, se dissout depuis sa promulgation, c'est le droit nouveau qui est applicable (1). De même pour toutes les formalités de l'acceptation ou de la répudiation à faire par l'époux survivant ou par les enfants donataires des acquêts.

CHAPITRE IX

DISPOSITIONS GÉNÉRALES.

Définition de la communauté réduite aux acquêts.

L'art. 1498 appartient au genre descriptif ; mais il ne saurait servir de définition. Essayons donc d'en formuler une.

On sait qu'il est loisible aux époux de modifier la communauté légale par toute espèce de clauses non

(1) Bordeaux, 5 déc. 1825. — 20 juillet 1816.

contraires aux art. 1387 à 1390. Le Code en énumère lui-même huit, qu'on peut ranger sous deux catégories.

1° Les unes modifient la composition de la communauté légale (art. 1497, n° 1, 2, 3, 4 et 8) : elles l'étendent (n° 3 et 8) ou la restreignent (n° 1, 2 et 4), soit au point de vue actif et passif (n° 1, 2? et 8), soit à un seul point de vue seulement (n° 2? 3 quelquefois, et 4).

2° Les autres modifient la communauté légale, en dérogeant au principe de l'égalité du partage entre les époux (n° 5, 6 et 7).

Notre régime appartient à la première catégorie. Il restreint, activement et passivement, la composition de la communauté. En comparant, d'ailleurs, la clause de réduction aux acquêts avec ses voisines de l'art. 1497, on reconnaît que c'est moins là un régime particulier qu'une combinaison de deux autres : exclusion du mobilier et séparation des dettes (1).

Nous définirons donc la réduction de la communauté aux acquêts.

« Une clause activement et passivement restrictive, par laquelle les époux limitent leur association aux biens meubles et immeubles qu'ils acquerront, ensemble ou séparément, pendant le mariage, par leur travail et leur économie. » Ou plus brièvement : « Une réduction de la communauté aux biens acquis, pendant le mariage, par le travail et l'économie des époux. »

(1) V. cep. Troplong, III, n° 1902.

Dans quels termes la communauté d'acquêts doit-elle être stipulée?

Deux principes : le premier, que la volonté des parties, dérogeant au régime légal, doit être clairement exprimée ; le second, qu'on n'exige cependant aucune rédaction sacramentelle. C'est par un respect servile du texte que Merlin et Toullier (1) réclament impérieusement une formule consacrée. A les entendre, les époux, transcrivant la lettre du Code, devraient dire : « Il *n*'y aura entre nous *qu*'une communauté réduite aux acquêts. » Hors de ces particules restrictives, *ne... que*, point de salut ! Et les deux auteurs vont jusqu'à repousser la rédaction suivante : « Les époux seront communs *en tous les biens qu'ils acquerront*. »

Rigorisme vraiment inconcevable ! Notre Code a répudié tout ce vain rituel de paroles : une manifestation claire de la pensée lui suffit. Pothier réfutait par avance l'erreur de Merlin, quand il disait : « Lorsque les parties se sont expliquées en ces termes : « Les « *futurs conjoints seront communs en tous les biens* « *qu'ils acquerront*, » on doit sous-entendre une tacite réalisation de tous les biens mobiliers qu'elles ont ; car, dire que leur communauté sera composée des biens qu'elles acquerront, c'est dire que ceux qu'elles ont déjà n'y entreront pas. (De la Comm., n° 317.) »

(1) Merlin, v° Réalisation, § 1, n° 2. — Toullier, XIII, 317.

Vainement Merlin et Toullier essaient-ils d'opposer Pothier à lui-même, contradiction qui d'ailleurs ne renverserait pas notre doctrine. Le second passage de Pothier qu'ils citent (Des oblig., n° 100) n'a pas le sens qu'ils lui supposent. Interprétant une formule ambiguë, Pothier remarque simplement que l'indication d'un cas, à titre d'exemple, n'implique pas exclusion de tous les cas non exprimés ; voilà tout. — Aussi l'hérésie des deux auteurs est-elle universellement réprouvée (1).

Soit donc que le notaire, suivant l'usage de Paris, ait distinctement exprimé l'exclusion du mobilier et la séparation des dettes ; soit que, d'après le style de Bordeaux, il ait directement visé les art. 1498-99, soit enfin qu'il ait traduit par toute autre formule la pensée des contractants, que nous importe ? L'intention de ne stipuler qu'une simple société d'acquêts sera d'ailleurs plus facilement admise dans les pays qui en ont l'habitude invétérée : l'usage est le meilleur interprète des conventions.

Capacité requise pour stipuler la communauté d'acquêts.

Il semble que la communauté d'acquêts ne renferme aucune disposition de nature à léser les intérêts ni des époux ni des familles. Ce n'est, en quelque

(1) Duranton, X, 18. — Zachariæ, III, p. 150. — Rodière et Pont, II, 17. — Cass., 16 décembre 1840.

sorte, qu'un diminutif du droit commun. Aussi pourrait-on croire que la capacité de contracter sous la communauté légale emporte *a fortiori* la capacité d'en stipuler la réduction aux acquêts. Nous allons voir que ce serait une erreur.

Du mineur. — Un mineur, sans être régulièrement assisté (art. 1398), s'est soumis à la communauté d'acquêts; son contrat est-il annulable?

La question n'en est pas une pour ceux qui pensent que le mineur est restituable par cela même qu'il est mineur (1). Mais, si l'on admet, avec nous, qu'il n'est restituable que *tanquam læsus*, il faut se demander en quoi cette convention peut lui nuire? Le voici. En se mariant aux termes du droit commun, le mineur aurait profité pour moitié tant du mobilier présent de son conjoint que des successions, donations et legs mobiliers échus à celui-ci. C'est un bénéfice que la réduction de la communauté aux acquêts lui enlève ; le contrat est donc lésif pour lui, et, par conséquent, annulable.

Nous n'avons pas à discuter ici quel est le caractère de cette nullité. Faut-il admettre avec une jurisprudence récente (2) qu'elle est absolue? Tout intéressé pourrait alors la réclamer, et notamment l'autre conjoint, si c'était le mineur qui recueillît, par exemple, une donation ou une succession mobilière. — Pour

(1) Toullier, VI, 106. — Troplong, De la vente, no 166.
(2) Rej. 5 mars 1855 (Dev. 55, 1, 349). — Cass., 13 juillet 1857 (Dev. 57, 1, 801).

nous, fidèle à la doctrine la plus ancienne et la plus générale, nous persistons à ne voir ici qu'une nullité relative, introduite dans l'intérêt de l'incapable seulement (1).

Du prodigue.

Il est incontestable que le prodigue ou le faible d'esprit peut se marier sans l'assistance de son conseil. Mais le brocard : *Habilis ad nuptias...*, que l'on invoque trop souvent, n'est nulle part écrit dans le Code. Reste donc à déterminer, au sujet des conventions matrimoniales, la capacité du demi-interdit ; à rechercher spécialement s'il peut contracter sous la communauté d'acquêts.

La question est promptement résolue par ceux qui abusent du brocard jusqu'à reconnaître au prodigue tout seul la même capacité qu'au mineur assisté. Mais nous n'hésitons pas à qualifier d'erronée une doctrine soutenue pourtant par la Cour suprême (2), dans une affaire où la Cour de Pau avant elle (3), et la Cour d'Agen, après renvoi (4), ont maintenu les vrais principes.

Évitons pourtant l'excès opposé dans lequel est tombé M. Demolombe. S'appuyant sur la prohibition faite au prodigue, d'aliéner sans le consentement de

(1) Marc., t, V, p. 430.
(2) 24 décembre 1856 (Dev. 57, 1, 245).
(3) 31 juillet 1865 (Dev. 65, 11, 56).
(4) 21 juillet 1857 (Dev. 57, 2, 530).

son conseil, l'éminent jurisconsulte professe que cet incapable ne peut se marier qu'en séparation de biens (1).

Au milieu est la vérité. Tout mariage, même sans contrat, entraîne du moins une situation quasi-contractuelle. La loi la réglemente en instituant une communauté légale. Donc, quiconque peut se marier tombe, *quasi ex contractu*, sous ce régime de droit commun ; et nous referions volontiers le brocard, en disant : « Habile aux noces, habile à la communauté légale (2). »

Mais nous savons que cette aptitude au régime du droit commun n'implique point la capacité de réduire la communauté aux acquêts. Aussi déciderons-nous pour le prodigue comme pour le mineur, et par les mêmes raisons.

Modalités de la communauté d'acquêts.

On sait combien de controverses soulève l'article 1399. Peut-on, dans les pactes nuptiaux, stipuler un terme ? une condition ? la succession de plusieurs régimes ?.... Mais pourquoi réveiller des questions qui ne sont pas spéciales à notre sujet ?

Un seul principe échappe à la discussion, c'est ce-

---

(1) VIII, 740.
(2) Toullier, 11, 1379. — M. Valette sur Proudhon, II, 568, — et Explic. somm., p. 364. — Marcadé, II, art. 513, n° 1, et V, art. 1398, n° 4.

lui que le texte a littéralement consacré : le *dies a quo* est interdit. Pas plus que la communauté légale, la société d'acquêts ne peut donc commencer ni avant ni après le mariage, — Quel motif cependant de repousser le *dies a quo* postérieur à la célébration? Dans la communauté légale, on pouvait craindre qu'entre le commencement du mariage et celui de la communauté, les époux, en mobilisant leurs immeubles, ne se fissent des donations déguisées. Mais cette fraude est conjurée par la réduction aux acquêts. Aussi ne saurions-nous, dans ce cas, rendre directement raison de l'interdiction. Elle n'en est pas moins justifiée d'ailleurs à nos yeux, car nous n'admettons pas la succession de plusieurs régimes.

Tout le reste : *dies ad quem*, condition suspensive ou résolutoire, succession de plusieurs régimes, est matière à controverse. — En pratique, la société d'acquêts sous condition résolutoire est très-usitée dans une partie de l'Alsace. Les époux stipulent : 1° qu'ils seront soumis provisoirement à la communauté d'acquêts; 2° qu'au jour où ils seront complétement investis de la succession de leur père et mère respectifs, ils tomberont en communauté universelle; 3° que ce nouveau régime rétroagira au jour du mariage. — Voilà donc une société d'acquêts sous condition résolutoire, et, qui plus est, potestative (art. 775, C. N.) ! Eh bien ! il paraît que les tribunaux reconnaissent la validité de la clause (1).

(1) Colmar, 8 mars 1864 (Dev. 64, 2 85 et la note.)

Publicité du contrat.

Tout contrat de mariage d'un commerçant doit
être publié. Les textes exigent seulement que l'extrait
mentionne si les époux sont mariés en communauté,
s'ils sont séparés de biens, ou s'ils ont contracté sous
le régime dotal. Mais la bonne foi et le crédit public
n'exigent-ils pas davantage ? L'esprit de la loi n'est-il
pas que l'on publie toute clause de nature à intéresser
les tiers ? — Soit donc qu'une société d'acquêts ait été
stipulée comme réduction de la communauté légale
ou comme modification du régime dotal, l'extrait devra le mentionner (1). Décision importante et pour le
notaire (art, 60, C, com,) et pour l'époux commerçant (art, 586),

Il est évident que la société d'acquêts, établie par
contrat de mariage, constitue une société civile. Peu
importe que son but, avoué au contrat, soit d'exploi-
ter un fonds de commerce. Elle n'est donc jamais
soumise aux publications prescrites par l'article
42 du Code de commerce. Nous n'aurions pas même
songé à le dire, si le contraire n'avait été plaidé
(sans succès naturellement) devant le tribunal de la
Seine (2).

(1) Troplong, Cont, de mar,, n° 191 ; Pardessus, Cours de droit
com,, I, n° 93. — Rodière et Pont, I, n° 150.
(2) 3 septembre 1846. — Rodière et Pont, II, 20.

Différences entre la communauté d'acquêts et les sociétés ordinaires.

Tous les traits qui distinguent la communauté légale des sociétés ordinaires se retrouvent dans notre régime. Une seule particularité : on sait qu'il existe une société d'acquêts non conjugale, autrement dite société universelle de gains ; cette société comprend dans son actif tous les meubles que chacun des associés possède au jour du contrat (art. 1838 C. Nap.) ; elle comprend réciproquement dans son passif toutes les dettes mobilières des associés antérieures au mariage. Nous verrons, à ce double point de vue, qu'il en est différemment de la société d'acquêts conjugale ; elle reste étrangère, pour le temps qui précède le mariage, à l'actif comme au passif des époux.

La société d'acquêts est-elle une personne morale ? Ce caractère est contesté aux sociétés civiles en général et aux sociétés conjugales en particulier. La question n'offrant d'intérêt qu'à la dissolution du mariage, c'est à ce moment que nous l'examinerons.

La communauté réduite aux acquêts se confond-elle avec la clause synallagmatique de réalisation universelle ?

Ceci revient à savoir si l'exclusion du mobilier entraîne forcément la séparation des dettes, car c'est la réunion de ces deux clauses qui constitue la communauté d'acquêts.

Premier système. — L'exclusion du mobilier entraine la séparation des dettes :

1° Quand il s'agit de meubles futurs, il est certain que leur réalisation exclut aussi les dettes futures. La communauté n'est jamais tenue des dettes des successions ou des donations qu'au prorata de son émolument. Il doit en être de même pour les meubles présents.

2° Si la communauté légale est tenue des dettes mobilières des époux, n'est-ce pas parce qu'elle acquiert leur fortune mobilière? Si donc elle reste étrangère à l'actif, elle doit, par corrélation, rester étrangère au passif.

3° Pothier soutenait notre théorie contre Lebrun (1). Or, dans deux espèces particulières, c'est à Pothier que le Code a donné raison. 1° Lebrun prétendait que, si un époux a stipulé ne mettre en communauté qu'une somme ou un objet certain, ses dettes antérieures n'en tombent pas moins en communauté pour la totalité (2). Sur ce point, il est démenti par l'art. 1511 ; d'où Marcadé conclut, *a fortiori*, qu'avec la réalisation totale du mobilier, il doit y avoir exclusion totale des dettes (3). 2° Lebrun enseignait encore que la clause de reprendre son apport franc et quitte, stipulée par la femme, n'empêche pas les dettes mobilières de celle-ci, antérieures au mariage, de tomber en com-

(1) Comm., nᵒˢ 352 et 411,
(2) Liv. 2, ch. 3, sect. 3. — Liv. 3, ch. 2, sect. 2, dist. 8.
(3) Marcadé, V, art. 1500, n° 3.

munauté (1). L'art. 1514, § 4, répudie encore cette doctrine. Si donc, dans deux applications spéciales, le Code a préféré Pothier à Lebrun, n'est-ce pas qu'il adopte en thèse générale la doctrine du premier (2)?

Second système. — 1° L'exclusion de l'actif mobilier n'a pas pour conséquence nécessaire l'exclusion du passif correspondant. En effet, c'est le droit commun que les dettes et meubles, présents ou futurs, tombent dans la communauté. Or, le droit commun doit être respecté dans toutes les dispositions auxquelles les parties n'ont pas expressément dérogé. En disant que leur mobilier ne tombe pas en communauté, elles ne dérogent au droit commun que quant à l'actif; donc le passif reste dans la communauté. Cela est si vrai que la clause de séparation des dettes n'entraînerait pas la réalisation de l'actif mobilier. Si la corrélation n'existe pas en un sens, pourquoi serait-elle fatale en sens inverse?

2° Si le Code, dans deux cas particuliers, adopte la décision de Pothier, il n'en adopte pas les motifs. — Quant à l'art. 1511, l'argument *a fortiori* qu'en tire Marcadé n'est pas sérieux. Si l'apport d'un objet certain entraîne exclusion des dettes, c'est tout simplement parce que les dettes ne grèvent jamais les indivi-

---

(1) Lebrun, loc. cit.
(2) Toullier, XIII, 324. — Duranton, XV, 50. — Zachariæ, III, p. 518. — Odier, II, 741. — Rodière et Pont, II, 173. — Marc., loc. cit. — Taulier, V, p. 157. — MM. Valette et Colmet de Santerre, à leurs cours.

dualités, mais seulement les universalités. Quant à l'art. 1514, il s'explique par une interprétation de la volonté présumée des parties. Si la femme retirait son apport sans payer les dettes, elle retirerait plus que son apport. Ces deux articles, basés sur des motifs spéciaux, n'assurent donc pas le triomphe de la doctrine de Pothier.

3° Le second système objecte enfin au premier le résultat qui nous a précisément déterminé à examiner ici la question. Si l'on admet que l'exclusion des dettes mobilières est l'inséparable compagne de l'exclusion du mobilier, il n'y aura plus de différence entre la communauté réduite aux acquêts et la réalisation totale. Dès lors, pourquoi le Code aurait-il consacré à chacune de ces clauses une section indépendante (1)?

A cette dernière objection, le premier système répond : 1° Le Code, dans l'énumération des clauses modificatives de la communauté, s'est moins inspiré d'une analyse rationnelle que des traditions historiques et locales. Or, en certaines provinces régnait la société d'acquêts; en d'autres, la réalisation. 2° La section 11 n'est pas écrite au point de vue exclusif de la réalisation universelle, elle est écrite aussi au point de vue de la réalisation partielle, et surtout des clauses d'emploi et d'apport, lesquelles ne peuvent jamais se confondre avec la communauté réduite aux acquêts. 3° Il n'est même pas vrai que la clause de réalisation

(1) M. Bugnet à son cours. — Battur, II, 302.

totale se confonde avec la communauté réduite aux acquêts ; car cette réalisation peut n'avoir été stipulée *que par un seul des conjoints.*

A l'autre objection ci-dessus, prise du droit commun de la communauté, le premier système répond encore : Sans doute il faut respecter le droit commun en l'absence de dérogation formelle. Mais le point en litige est précisément de savoir si la clause de réalisation du mobilier n'implique pas une dérogation au droit commun. La réalisation, pas plus que la communauté d'acquêts, n'est soumise à aucune formule sacramentelle. Or, quand les conjoints réalisent leur mobilier, ils expriment suffisamment l'intention d'exclure de la communauté le passif mobilier comme l'actif.

Sans souscrire à l'argument inexact tiré par Marcadé de l'art. 1511, c'est néanmoins à ce système que nous nous rangeons en principe. — Reconnaissons toutefois, avec M. Troplong, qu'en certains cas exceptionnels, l'intention de réaliser le mobilier, sans séparer corrélativement les dettes, peut résulter des circonstances (1).

(1) Troplong, III, 1940.

CHAPITRE IX

COMPOSITION DE LA COMMUNAUTÉ D'ACQUÊTS. — DE L'ACTIF.

Le mariage crée au logis trois patrimoines : 1° celui du mari ; 2. celui de la femme ; 3° celui de la communauté. C'est uniquement dans leur composition respective que réside l'originalité de notre régime.

Rappelons d'abord deux principes, que la communauté d'acquêts emprunte, *mutatis mutandis*, au régime du droit commun.

1° Tout bien, jusqu'à preuve contraire, est censé appartenir à la communauté (art. 1402, 1499).

2° La communauté est usufruitière des propres dont elle n'a pas la pleine propriété (art. 1401, § 2, art. 1498).

L'actif de la communauté légale comprend : 1° tous les meubles présents, sans exception (art. 1401, § 1) ; 2° les immeubles acquis dans l'intervalle du contrat pécuniaire au contrat personnel de mariage, sauf une exception (art. 1404, § 2) ; 3° tous les fruits, revenus, intérêts et arrérages advenus aux époux durant le mariage, par quelque cause que ce soit (art. 1401, § 2) ; 4° tous les biens, meubles et immeubles, acquis pendant le mariage, sauf exceptions (art. 1401, § 3, 1404 à 1408).

En quoi ces résultats sont-ils modifiés par la réduction de la communauté aux acquêts?

1° *Mobilier présent.* — Zéro à l'actif. Le principal but du pacte des acquêts, c'est précisément l'exclusion de ce mobilier. Les époux ne mettent en commun que « leur économie, leur industrie et la volonté de faire tourner ces dispositions personnelles au profit du mariage et à des acquisitions qui deviendront communes (1). » Au jour du contrat, l'actif n'est qu'en expectative. Mais il faut combiner cette disposition avec le premier principe ci-dessus : tout bien, jusqu'à preuve contraire, est réputé acquêt. Faute de précautions suffisantes, le mobilier présent tomberait donc, en fait, dans l'actif social.

Ce mobilier restant propre aux époux, il en résulte que, si l'un d'eux, avant le mariage, était créancier de l'autre, la dette ne s'éteindra pas par confusion, comme dans la communauté légale (2).

2° *Immeubles acquis dans l'intervalle des deux contrats.* — L'art. 1404, § 2, les fait entrer dans la communauté légale. Mais l'esprit de la loi démontre que cette règle doit se restreindre aux immeubles acquis en échange de meubles destinés à la communauté. Elle est donc inapplicable à la société d'acquêts. L'absence totale de mobilier destiné à la société, avant le mariage, coupe court à toute fraude possible (3).

---

(1) Parlement de Bordeaux, 13 février 1731. — Tessier, n° 83.
(2) Troplong, III, n° 1861.
(3) Tessier, n° 8.

3° *Fruits et revenus*. — Même règle que pour la communauté ordinaire (art. 1528, 1401, § 1). Tous les fruits ou revenus quelconques, naturels, industriels ou civils, acquis durant l'union conjugale, seront versés dans la caisse du ménage. Voyons les détails.

Fruits des biens communs. — Ils appartiennent naturellement à la communauté, propriétaire du fonds qui les a produits.

Fruits des biens propres. — Ils tombent aussi dans la communauté. Bien entendu, cependant, ils doivent, avant tout, subvenir aux charges du mariage et aux réparations usufructuaires. Le surplus seulement est acquêt (1). — Est valable néanmoins la clause par laquelle la femme stipule, dans son contrat, qu'une partie de ses revenus sera spécialement affectée à son usage exclusif. Cette clause est permise à la femme commune; il n'existe aucun motif pour l'interdire à la femme mariée aux acquêts (art. 1534. C. N.)(2).

La société n'a aucun droit sur les fruits perçus avant le mariage et existant au jour de l'union conjugale. Ils rentrent dans le mobilier présent : différence avec la communauté légale. Mais la société d'acquêts comprend les fruits pendants par branches et racines au jour du mariage. Les fruits pendants lors de la dissolution de la société en sont exclus (3), comme de la communauté légale. On suit ici les principes de ce

(1) Tessier, n° 84. — Troplong, III, 1863.
(2) Bourjon, I, p. 512, n°° 15-16. — Troplong, III, 1864.
(3) MM. Rodière et Pont, II, n° 29.

dernier régime plutôt que les principes ordinaires des sociétés (art. 1401, § 2, et non 1868) (1).

Y a-t-il lieu à récompenses entre la société d'acquêts et l'époux propriétaire, pour les fruits pendants à l'ouverture ou à la cessation de l'usufruit?

En matière d'usufruit ordinaire, la règle, c'est qu'il n'y aura de récompense de part ni d'autre, ni à l'ouverture ni à l'extinction de l'usufruit (art. 585). La loi a voulu simplifier les comptes, en compensant les chances réciproques de profits et pertes. Mais on déroge à cette règle quant à l'usufruit de la communauté légale sur les propres des époux. — On décide très-généralement, 1° qu'à l'ouverture de cet usufruit, la communauté ne doit pas récompense à l'époux propriétaire; 2° qu'à l'extinction de l'usufruit, au contraire, l'époux propriétaire doit récompense à la communauté pour les fruits pendants sur son fonds (art. 1437) (2). Pourquoi la communauté ne doit-elle pas récompense? Parce que la récompense qu'elle paierait lui reviendrait immédiatement, comme somme d'argent appartenant à l'un des époux, et que d'ailleurs, si l'époux n'avait pas fait ces dépenses, l'argent qu'il y a mis serait tombé dans la communauté (art. 1401). — Pourquoi, au contraire, l'époux doit-il récompense à la dissolution de la communauté? La réciprocité voulue par l'art. 585 n'impose-t-elle pas la solution contraire?

(1) Troplong, III, 1868.
(2) *Contra* : Delvincourt, III, p. 10. — M. Bugnet sur Poth., cours c. n. n° 212.

6

Non, certainement ; la communauté perdrait d'un côté sans gagner de l'autre. Elle perdrait à ne pas recevoir de récompense lors de sa dissolution. Elle ne gagnerait rien, à vrai dire, à ne pas payer de récompense lors de son établissement ; car si elle en payait une, cette récompense, aussitôt payée, retomberait en communauté. En un mot, si la communauté fait un gain à son ouverture, ce n'est pas comme usufruitière, c'est comme communauté. Si donc on lui appliquait, à sa dissolution, les règles de l'usufruit, il n'y aurait de la réciprocité que l'apparence (1).

Maintenant, quelles règles appliquer à la société d'acquêts?

A la dissolution, l'on applique, sans difficulté, les règles de la communauté légale ; l'époux propriétaire doit récompense (2).

Mais *quid* à l'ouverture de la société d'acquêts?

1° La majorité des auteurs applique encore, dans ce cas, les règles de la communauté légale. L'époux, dit-on, a voulu que la société profitât de l'état des choses, tel qu'il avait été constitué par lui au moment où elle a pris naissance. — La pratique et la jurisprudence semblent se rallier à cette opinion (3).

2° M. Duranton (t. XV, n° 11) introduit une distinc-

(1) Pothier, n°s 212, 213.
(2) Lapeyrère, let. F, n°s 65 et 69.—Tessier, n° 259, — Duranton, XV, n° 11. — Troplong, III, § 1868. — Rodière et Pont, II, 30.
(3) Troplong, III, 1860. — Rouen, mars 1853 (Dev. 84, II, 31). — Limoges, 31 août 1853 (Dev. 64, II, 204).

tion qui ne nous paraît pas admissible. La communauté, dit-il, ne doit pas récompense à l'époux. Mais si le montant des frais est dû à un tiers, la communauté devra le payer, et elle n'aura pas recours contre l'époux (1).

3° Nous croyons que la société doit récompense. Où retrouver, en effet, les motifs qui nous ont rangé à l'opinion contraire, au cas de communauté légale ? La somme employée par l'époux en labours et semences ne serait pas tombée dans la société d'acquêts ; elle lui serait restée propre (art. 1498). Ces frais qui, au cas de communauté légale, sont, en fin de compte, supportés par la communauté (puisqu'elle les trouve de moins dans le patrimoine de l'époux), retomberaient donc ici à la charge personnelle de celui-ci ; flagrante injustice ! L'époux doit récompense à la dissolution de l'usufruit ; par réciprocité, la société doit récompense à son ouverture.

4° Acquêts faits au cours du mariage.

Nous distinguons 1° les acquêts résultant du travail et de l'industrie (art. 1498); 2° les gains aléatoires.

Acquêts proprement dits.

La communauté d'acquêts comprend tout ce qui provient aux époux de leur industrie et de leur économie. Mais le texte de l'art. 1498 réclame ici deux précisions.

(1) Rodière et Pont, II, 31. — Marcadé, V, p. 678-6.

1° Le § 1er dit : Les époux sont censés exclure de la communauté leur mobilier présent et *futur*. A prendre ce texte au pied de la lettre, il ne resterait à la communauté que les immeubles futurs. Mais c'est évidemment un *lapsus* : l'art. 1400, en effet, fait allusion au mobilier acquêt, et l'ensemble des règles sur la matière démontre que la finale du § 1er est fautive. L'emploi de l'adjectif *respectif* (§ 1er, art. 1408), confirme cette explication ; le mobilier acquis en commun n'est pas un mobilier *respectif*. Le législateur exclut seulement le mobilier futur *qui écherrait par succession ou donation.*

2° L'adjectif *commune* appliqué à l'industrie des époux par le § 2 de l'art. 1408 est superflu. Le texte vient de parler lui-même des acquêts faits par les époux ensemble ou *séparément*. Pour qu'un bien soit acquêt, il suffit qu'il soit acquis par l'industrie de l'un des époux ; pas n'est besoin qu'il le soit par leur *collaboration*.

En un mot, la communauté comprend tous les gains de l'industrie des époux et toutes leurs acquisitions à titre onéreux.

Peu importe que l'industrie soit illicite. Les profits de la contrebande tombent dans la communauté d'acquêts. De même pour l'usure, le braconnage, etc.

A parler juridiquement, la propriété littéraire (plus généralement la propriété intellectuelle) n'est qu'un gain d'industrie. — L'ancien droit, il est vrai, n'avait pas compris cette vérité. « Les manuscrits qu'un homme d'esprit a composés, s'écriait Pothier...., ce sont choses inestimables qui ne sont pas censées faire partie d'une communauté de biens (1) ! » Dans les pays de droit écrit, on appliquait à la société d'acquêts la même doctrine (2). — Mais, dans le droit nouveau, en dépit de quelques contradictions isolées (3), la doctrine adverse a triomphé (4). Et qu'on n'exploite pas contre elle l'immatérialité, la personnalité de l'œuvre, le prestige de l'art et du génie ! Nous répondrons avec M. Dupin : « La loi ne considère pas le moment où le peintre, le poète, le musicien conçoit son œuvre... ; la loi saisit le moment où l'artiste se fait marchand ; alors le prestige de l'art s'évanouit pour faire place au droit civil (5). »

Si donc l'ouvrage a été composé durant le mariage, la société d'acquêts en aura la pleine propriété. — S'il était composé auparavant, elle n'en aura que l'usufruit, c'est-à-dire le produit des éditions publiées au cours du mariage. — Dans tous les cas, la société paiera les frais d'édition, comme charges usufructuaires.

De même pour les offices ministériels. Mobilisés par le droit nouveau, ils entrent dans la société d'acquêts, s'ils ont été achetés au cours du mariage. Jugé aussi

(1) Cout. d'Orléans, Intr. au t. X, n° 96. — De la comm., n° 682.
(2) Tessier, n° 258.
(3) Toullier, XII, 116. — Battur, I, p. 188.
(4) Duranton, XIV, 131. — Zachariæ, III, p. 113. — Troplong, I, 434. — Odier, I, 82. — Rodière et Pont, I, 363. — Marcadé, V, p. 452.
(5) Affaire des héritiers Gros.

que l'excédant du prix, pour lequel un office propre a été vendu, profite à la société, quand cette plus-value a pour cause le travail et la capacité du mari (1).

De même pour les accessions qui proviennent de l'industrie d'un époux : spécifications, alluvions artificielles à un propre, etc.

Nous venons de voir qu'en principe les acquêts meubles et immeubles, advenus aux époux durant leur communauté, en font partie. Cette règle souffre naturellement, sous la communauté d'acquêts, les mêmes exceptions que sous la communauté légale. Appliquer les art. 1404 à 1408.

Jugé, par exemple, que les immeubles acquis pendant le mariage, avec des deniers propres à la femme, prennent le caractère des deniers et ne sont pas acquêts (2). Par identité de motifs, les créanciers de la société d'acquêts n'ont aucun droit sur les meubles que le mari vend à sa femme pour la remplir de ses droits matrimoniaux (art. 1595, C. N.) (3).

Mais voici une exception, toute spéciale à notre régime. — On sait que les meubles dépendant des successions, donations ou legs échus à l'un des conjoints tombent dans la communauté; les immeubles seuls restent propres à l'époux. — Ici, au contraire, tous legs, successions ou donations, mobilières ou immobi-

(1) Bordeaux, 20 août 1810 (Dev. 41, 2, 142).
(2) Toulouse, 27 mai 1834 (Dalloz, 35, 2, 67). — Toullier, 11, 555. — Duranton, XIV, 389.
(3) Cass. 9 mars 1837 (Dev. 37, 1, 63). — Troplong, III, 1880.

lières, sont également exclus de la communauté d'acquêts. Ces acquisitions, en effet, restent forcément
en dehors des termes comme de l'esprit de l'article 1498. L'industrie et l'économie des époux, ces
deux ressorts de la société d'acquêts, n'entrent pour
rien ni dans l'héritage d'un parent ni dans la libéralité
d'un étranger.

Gains aléatoires.

Nous venons de voir : 1° que les profits du travail
tombent dans la communauté ; 2° que les donations,
successions ou legs en sont exclus. — Maintenant,
comment classer les gains aléatoires? En principe,
nous assimilons le hasard aux titres gratuits. Mais, en
fait, la question se complique, parce que, le plus souvent, l'intelligence et l'activité de l'homme se combinent, en proportions indéfinies, avec les faveurs
aveugles du sort.

Parcourons quelques hypothèses.

A. *Occupation.* — Ce qu'un époux acquiert par
occupation tombe-t-il dans la communauté d'acquêts?

1ᵉʳ *système. Affirmative.* — L'époux a employé à
l'occupation son travail, son temps, son habileté
même ; ce sont des capitaux appartenant à la société.
Un pêcheur de profession, dit M. Troplong, retire,
parmi les poissons, un trépied d'or; il a été heureux
sans doute, mais c'est pendant qu'il travaillait ; sa
pêche était celle de la communauté ; et sa femme s'oc-

cupait au ménage pour lui donner le temps d'exercer au dehors son industrie (1).

2ᵉ *système*. *Négative*. — La société n'a droit qu'aux fruits du travail et de l'économie. Vous trouvez un objet perdu ; en vous promenant au bord de la mer, vous rencontrez une épave, vous marchez sur une huître perlière ; quelle industrie avez-vous exercée ? N'est-ce pas un pur bienfait du hasard ? une donation de la fortune ? La trouvaille vous reste propre. —Telle est l'opinion qui prévaut.

3ᵉ *système*. *Distinctions*. — On a dû remarquer que les deux systèmes raisonnent en fait plutôt qu'en droit. C'est qu'il est impossible de soumettre à une règle fixe des hypothèses aussi variables. Voici quel serait notre *criterium*. — La trouvaille est-elle le pur effet du hasard ? Elle appartient à l'inventeur. — A-t-elle été faite, au contraire, dans l'exercice du métier, ou même d'un travail quelconque, ou seulement avec un emploi de temps notable ? Elle appartient à la société. Ainsi le déciderions-nous pour la pêche miraculeuse de M. Troplong (2).

Sur ces trois systèmes, c'est au second que nous nous rangeons. Quoique faite pendant le travail, la trouvaille n'en est pas un *produit*, elle n'en est plutôt qu'un *accident*.

Mais la solution doit être inverse quand l'occupa-

(1) Duranton, XV, 12. — Troplong, III, 1871.
(2) Dalloz, Cont. de Mar., n° 2596.

tion était précisément le but des recherches. — Pour certaines populations côtières, en effet, la récolte des goëmons et des varechs, la recherche des épaves marines ne sont-elles pas une industrie quotidienne ? Et, malgré leur caractère éminemment aléatoire, doutera-t-on que les produits de la chasse et de la pêche tombent dans la communauté ?

B. *Accession.* — Restent propres à l'époux les accessions naturelles qui viennent enrichir son héritage propre.

C. *Invention.* — Les questions de trésor sont bien peu pratiques ; mais il est traditionnel de les analyser avec soin. Suivons un peu les traditions.

A qui doit appartenir le trésor trouvé dans l'immeuble propre d'un époux ? Sous la communauté légale, trois systèmes :

1° Le trésor entier appartient à la communauté (1) ; — 2° le trésor entier reste propre à l'époux (2) ; — 3° la communauté perçoit la moitié *jure inventionis ;* l'époux, la moitié *jure soli* (3).

Sous la communauté d'acquêts, la question nous parait bien simplifiée. Que dit-on, en effet, pour attribuer le trésor à la communauté légale ? On allègue (à tort ou à raison) que le trésor, même dans sa moi-

_____

(1) Merlin, v° Comm., § 2, n° 4.—Troplong, 1, 417.—Rodière et Pont, I, 367. — Odier, 1, 56. — M. Buguet sur Pothier, VII, p. 93.

(2) Toullier, XIII, 190. — R. de Villargue (v° Trésor).

(3) Duranton, XIV, 133. — Zachariæ, III, 413. — Marcadé, V, art. 1403, n° 5.

tié *jure soli*, est un meuble, et que tous les meubles des époux appartiennent à la communauté. Mais la communauté réduite aux acquêts ne comprend plus tous les meubles des époux ; elle comprend seulement ceux qui sont le produit de leur industrie ; aussi la définition même du trésor (art. 710, C. N.) répugne-t-elle à ses prétentions. — Nous croyons donc que sous ce régime le trésor tout entier doit rester propre à l'époux inventeur.

D. *Du jeu.* — Question aussi complexe que discutée! On confond d'ordinaire des hypothèses qu'il faudrait discerner. N'y a-t-il pas, en effet, toute une échelle ascendante dans les manifestations variées d'un même vice? Si le jeu, dans sa plus infime expression, n'invoque que la brutalité du hasard, ne fait-il pas appel, dans ses combinaisons supérieures, au génie du commerce et de la finance? Il faut donc distinguer, à notre estime, 1° les loteries ; 2° les jeux proprement dits ; 3° les grandes spéculations.

Des loteries.

Si un époux a pris un billet avant le mariage, et que dans le contrat il le réalise en le dénommant, le lot gagné lui reste propre, quelle que soit l'époque du tirage. Ce billet faisait partie de son mobilier présent; c'était une créance conditionnelle du lot qui lui pourrait échoir (1).

Il en est autrement quand le billet a été compris au-

(1) Pothier, De la comm., n° 321. — Merlin, v° Réalis., § 1.

prix coûtant dans l'inventaire du mobilier de l'époux. La communauté a pris, en ce cas, le billet à son compte ; il est juste qu'elle en recueille le bénéfice (1).

Quid si le billet a été pris durant le mariage ? On doit distinguer d'abord avec quels fonds il a été payé.

Si c'est sur les deniers communs, le lot est une acquisition que la communauté a faite ; c'est le prix du risque couru par elle ; c'est un acquêt (2). Ajoutons que, dans le doute, le billet doit être présumé payé avec l'argent de la société, à laquelle régulièrement tous les revenus des époux appartiennent.

Mais que décider si l'époux prouve qu'il a payé le billet de ses deniers personnels ? Le lot gagné sera-t-il acquêt ou propre ?

On a soutenu qu'il serait acquêt. Un auteur trouve *une sorte de prévoyance et d'industrie* dans le fait de prendre un billet de loterie. Un autre allègue que les époux l'auront peut-être choisi d'accord ; que peut-être, si c'est le mari qui l'a pris, c'est la femme qui «dans un songe superstitieux en a révélé les nombres, et qui a voulu que son chiffre fût livré à l'essai (3). »

Ces raisons ne nous paraissent pas satisfaisantes. C'est un pur don de fortune qu'un bon numéro dans une loterie. La prévoyance du joueur n'y entre pour rien. On ne peut invoquer ici, comme dans certains

---

(1) Pothier, *ibidem.* — Rodière et Pont, II, 87.

(2) Pothier, De la comm., n° 321. — Tessier, n° 70. *Contra* : Rodière et Pont, II, 88.

(3) Odier, II, 687. — Troplong, III, n° 1872.

autres jeux, les calculs, les combinaisons, l'intelligence du joueur, pas même l'emploi de son temps. Il
nous est impossible de voir un acquêt dans un lot
gagnant.

De nos jours, les spéculations financières aiment à
se mélanger de loterie. Un tirage au sort périodique
rembourse, avec prime, un certain nombre d'actions.
Relativement modéré dans quelques compagnies (les
chemins de fer, par exemple), ce gain atteint ailleurs
des proportions exorbitantes. A qui le profit ?

Au propriétaire du titre. — On pourrait hésiter
peut-être: ces primes ne sont-elles pas une sorte d'intérêts supplémentaires servis sous forme déguisée et
aléatoire? La société n'est-elle pas usufruitière de
tous les propres? Mais nous ne voyons là qu'une loterie clandestine. Pour les titres exclus de communauté,
le bénéfice appartient à l'époux propriétaire.

1° *Des jeux proprement dits.*

Nous rangeons sous ce titre les jeux de dés, de
cartes, les paris, la roulette, etc... Les gains ainsi
réalisés tombent-ils dans le domaine de la communauté ?

Négative. — Par quel odieux abus considère-t-on
comme un travail l'action de jouer ou de tenir un
pari? Le texte et la raison n'y répugnent-ils pas?
Ces bénéfices honteux, fruits de l'oisiveté et du vice,

comment les ranger parmi les acquêts «provenant, dit le législateur, tant de l'industrie commune que de l'économie des époux?» — L'art. 1965, d'ailleurs, dénie au gagnant l'action en justice. Si donc l'époux joueur avait perdu, la communauté aurait refusé de payer; et maintenant elle veut retirer un gain quand elle ne courait aucun risque ! — Faisons pourtant une concession. L'art. 1966 accorde une action pour les jeux d'adresse. Si donc il est prouvé que le conjoint adroit engageait les deniers sociaux, la communauté, exposée aux pertes, pourra réclamer les profits (1).

Affirmative. — L'argent gagné au jeu n'est pas une simple libéralité de la fortune. Même dans les jeux purement aléatoires, n'y a-t-il pas au moins l'emploi d'un temps qui appartient à la communauté? A un degré plus élevé, ne trouvons-nous pas des jeux où s'exercent le tact, la finesse, les combinaisons des joueurs? «J'en ai vu, dit M. Troplong (2), faire une science du jeu, y porter les calculs, la suite, l'étude qui servent au succès d'une entreprise.» N'est-ce pas alors une véritable industrie? Immorale sans doute ! Mais ici qu'importe? Les produits de la contrebande, les trafics les plus déshonnêtes ne profitent-ils pas à la communauté? Nous assimilerons, si l'on veut, le joueur au contrebandier; voilà tout.

Considérons enfin qu'en principe tous les revenus

(1) Rodière et Pont, II, 38.
(2) Troplong, III, 1872.

des époux appartiennent à la société. Presque toujours les enjeux auront été pris sur les fonds communs. Et qu'on n'objecte pas l'art. 1065. Le point d'honneur ne forcera-t-il pas le plus souvent le mari à payer? Or, la répétition est interdite (art. 1967). En fait, la communauté est donc exposée.

Dès lors, pourquoi ces primes d'encouragement au joueur? Les salaires du travail tombent dans la communauté, et les revenus du tapis vert seraient privilégiés! Théorie impossible, à moins que la loi n'ait voulu provoquer le mari au vice, et la femme à la séparation! Ah! laissons plutôt au ménage, trop souvent ruiné par le jeu, les maigres compensations qu'il pourra fournir (1).

3° *Des grandes spéculations.*

Les spéculations d'un négociant, alors même qu'elles ont perdu tous les caractères d'un commerce sérieux, alors même qu'elles ne sont plus qu'un véritable jeu, doivent néanmoins, à notre estime, profiter à la communauté d'acquêts. Malgré tout ce qu'ils ont d'aléatoire, et souvent même d'immoral, de pareils calculs n'en constituent pas moins une industrie. N'y retrouvons-nous pas, avec les mêmes combinaisons, la même dépense de travail et d'intelligence que dans le plus honorable négoce? N'y a-t-il pas des spéculateurs pour qui l'habitude de jouer sur les denrées co-

(1) Duranton, XV; — Zacharie, III, p. 151. — Odier, 687; — Troplong, III 1572.

loniales et les eaux-de-vie est un métier et une branche de commerce (1) ? Quelles difficultés d'ailleurs dans les transactions commerciales, où toujours une large .rt est et doit être réservée à la chance, pour déterminer où commence, à véritablement parler, l'agiotage? Concluons que, malgré leur caractère équivoque, toutes ces spéculations sont au compte de la communauté.

Mais voici l'incarnation suprême du jeu à notre époque : suivons l'agioteur à la Bourse. C'est ici que le problème revêt une incalculable importance.

Remarquons préalablement que les difficultés ne sauraient surgir :

1° Ni pour les marchés au comptant, véritable opération du père de famille;

2° Ni pour les marchés à terme *sérieux*. On les considère comme tels : d'abord dans l'hypothèse (peu pratique) où ils auraient été précédés du dépôt des titres; ensuite lorsque le vendeur prouve que les titres ont existé à sa disposition au jour de la convention, ou du moins qu'ils devaient s'y trouver au jour de la livraison.

3° Ni aux reports sérieusement opérés, c'est-à-dire quand l'existence des valeurs est authentique. Lors, en effet, que la remise des titres ou le versement des fonds a été réellement effectué, le report n'a plus rien d'aléatoire.

(1) Troplong, III, 1872.

Dans tous ces cas il n'y a pas de jeu (1).

Mais la controverse peut naître pour ces opérations mensongères qui, empruntant le masque du report ou du marché à terme, ne sont en réalité que des jeux sur la hausse et la baisse. C'est à ce point de vue effectivement que les considère la jurisprudence. Aussi, leur faisant application des art. 1965 et 1967, refuse-t-elle à l'agent de change toute action en remboursement de ses avances, comme au client toute répétition des sommes qu'il aurait payées (2).

Il nous paraît incontestable que ces opérations sont au compte de la communauté. Toutes les raisons qu'on invoque pour lui attribuer les bénéfices des jeux proprement dits, militent ici avec une force nouvelle. Aussi ne voulons-nous pas répéter notre argumentation.

Le spéculateur à la Bourse exerce une véritable industrie. N'a-t-elle pas son personnel, ses courtiers, ses manuels, ses lieux de réunion? Ne dit-on pas que les agents de change eux-mêmes, « créés pour donner aux négociations sérieuses la garantie du secret et celle de leur caractère, abaissent leur fonctions dans ces opérations fictives et prêtent leur ministère à des jeux effrénés ;..? Ils

(1) Longtemps contestée (Cass., 25 janv. 1827), la légalité des marchés à terme, faits à *découvert*, est aujourd'hui reconnue (Cass., 1er avril 1856, 9 mai 1857, 13 juillet 1859).

(2) Cass. 9 mai 1857 (Sirey, 57, 1, 545). — Amiens, 14 janvier 1859.

élèvent l'agiotage jusqu'à eux, ou plutôt ils descendent jusqu'à lui (1). » Le jeu n'est-il pas devenu enfin le seul commerce sérieux à la Bourse ?

Ainsi donc, à titre d'industrie, les gains réalisés à la Bourse tombent dans la communauté d'acquêts.

Des divers autres gains aléatoires.

Nous examinerons, sous ce titre, divers bénéfices qui ne sont dus ni au pur hasard (comme l'épave ou le trésor), ni à des spéculations immorales (comme les gains du jeu ou de la Bourse), mais qui proviennent plus ou moins directement du mérite et de la capacité d'un époux. — Exemples : Le gouvernement concède au mari soit l'exploitation d'une mine, soit des terrains à défricher dans une colonie, soit un office gratuitement créé en sa faveur.

Dans un premier système, on peut dire qu'il n'en est pas ici comme d'une donation ordinaire, motivée uniquement par la parenté ou par un sentiment arbitraire. Les faveurs d'un gouvernement, on doit le supposer, sont le prix de la capacité et du mérite ; elles sont octroyées au plus digne. Or ces talents, cette capacité, qui ont déterminé la concession, faisaient partie de l'actif social.

De même pour les concessions de mines. L'esprit de la loi du 21 avril 1810 est que l'exploitation en soit concédée, dans l'intérêt public, à ceux dont la

_____
(1) M. Oscar de Vallée, Les manieurs d'argent, p. 336.

capacité en tirera le meilleur parti. Aussi l'époux concessionnaire est-il choisi pour son mérite et ses talents reconnus. Les produits de la mine tomberont
donc dans la communauté. Mais celle-ci devra payer
l'indemnité ou même faire l'acquisition de la surface
(art. 44, loi du 10 avril 1810).

De même encore pour la création d'un office. Mêmes
motifs; mêmes solutions. Mais si le gouvernement charge
le concessionnaire d'indemniser ses collègues, c'est la
communauté qui en sera tenue. Cette indemnité remplace le prix de l'office : *ubi emolumentum*..... (1).

Cette opinion nous paraît erronée. Les concessions
gouvernementales peuvent bien être la *reconnais-
sance, la récompense de la capacité;* mais elles ne
sont pas le *produit de l'industrie.* Après son entrée en
possession seulement, le concessionnaire, par son travail, tirera de la concession des produits qui seront
acquêts; mais le fonds même de la concession, terrain, mine, office, lui restera propre (2).

Quant à la mine, en particulier, peut-être pourrait-
on soutenir, malgré l'art. 508, que la communauté
d'acquêts doit en recueillir les revenus. Elle ne les
réclamerait point comme fruits, mais bien comme
produits de l'industrie d'un époux.

(1) Zachariæ, III. p. 54. — Taulier, V, p. 176. — Troplong, III,
1874. — Douay, 15 nov. 1833 (Dalloz, 34, 2, 128). — Agen, 2 décembre 1836 (37, 2, 309).
(2) Metz, 25 décembre 1835 (36, 2, 255). — Bordeaux, 2 juillet
1840 (40, 2, 398).

4° *Question transitoire.*

Avant la loi du 28 avril 1810, un office ministériel n'avait pas de valeur vénale. Cette loi lui en a donné une. Cette valeur mobilière est-elle tombée dans la société d'acquêts? Nous le croyons avec la Cour de cassation (1). On peut considérer la plus-value comme une compensation du surcroît de cautionnement.

5° *Augmentation aléatoire de la valeur d'un office.*

Plusieurs causes fortuites peuvent augmenter la valeur d'un office, sans que le travail du titulaire y contribue aucunement. Ainsi, les officiers ministériels d'une ville rachètent un certain nombre de charges, ou bien une loi étend leurs fonctions, ou bien encore, par des remaniements administratifs, une étude de deuxième ou de troisième classe est annexée à une ville de première ou de deuxième; dans ces diverses hypothèses, à qui revient la plus-value?

Cette plus-value est un gain purement casuel advenu au titulaire, à raison et à l'occasion de ses fonctions. Elle appartient donc au propriétaire de l'office, que ce soit le mari ou la communauté. Si c'est le mari, il ne sera donc pas tenu de communiquer à cette dernière la moitié de son bénéfice (2).

(1) Cass., req. 8 mars 1813 (Dev. 13, 1, 305). — Troplong, III, 1875.
(2) Bordeaux, 19 fév. 1856 (Dev. 56, 2, 271).

Mais il y a ordinairement une indemnité à payer, soit au titulaire de l'office racheté, soit aux officiers à qui l'annexion donne un nouveau concurrent. C'est réciproquement au propriétaire de l'office qu'incombe cette charge.

6° Tombent en communauté les gratifications extraordinaires accordées à l'un des époux pour services rendus à l'État. Il serait injurieux d'assimiler aux coups du hasard les récompenses que le courage ou le dévouement ont conquises (1). — Exception pour les pensions militaires, solde de retraite, traitement de réforme, pension de la Légion d'honneur, etc..... Leur nature essentiellement alimentaire les rend personnelles, incessibles et insaisissables. Elles ne tombent donc point dans la communauté d'acquêts. Aussi la femme du pensionnaire ne peut-elle, au cas de séparation de biens, réclamer l'équivalent de la moitié de la pension (2). Mais la société, tant qu'elle dure, perçoit les arrérages en sa qualité d'usufruitière.

Des propres des époux.

La réduction de la communauté aux acquêts accroît cette catégorie. Nous y rangeons :

1° Tous les propres de communauté légale ;

2° Le mobilier présent, sauf trois cas où la commu-

(1) Cass., 7 nov. 1827. — Colmar, 20 déc. 1832. — Troplong, III, Rodière et Pont, II, n° 40.
(2) Cass., 3 fév. 1830.

nauté en devient propriétaire (V. *infra*, ch. V, p. 204).
Jugé spécialement que les acquisitions faites dans le
contrat de mariage ne constituent pas des acquêts,
mais sont propres par moitié aux époux ; il ne peut y
avoir encore ni travail ni économie (1) ;

3° Les immeubles acquis dans l'intervalle des deux
contrats de mariage (art. 1404 non applicable);

4° Tous les legs, successions ou donations qui ad-
viennent aux époux ;

5 Enfin, d'après les distinctions ci-dessus, les gains
purement aléatoires.

CHAPITRE XI.

COMPOSITION DE LA COMMUNAUTÉ D'ACQUÊTS.
DU PASSIF.

La réduction de la communauté aux acquêts implique séparation des dettes. Pour composer le passif,
il suffit donc de combiner les art. 1510 et 1512 avec
le droit commun.

Dettes présentes. — L'art. 1408 les exclut de la
communauté d'acquêts; c'est même par là qu'il commence. Cette communauté est, en effet, plutôt du
futur que du présent. Etrangère à l'actif présent, la
réciprocité exige qu'elle le soit au passif présent.

La distinction du passif présent et du passif futur
n'offre pas de difficultés. Si quelques nuances parais-

(1) Agen, 12 nov. 1814.

sent embarrassantes, il suffit de préciser exactement
le jour auquel la dette a été contractée.

Ainsi pour les dettes conditionnelles ou à terme,
pour les dettes sanctionnées par un jugement durant
le mariage, on ne se reportera ni à l'échéance du
terme ou de la condition, ni à la date du jugement,
mais bien à celle du contrat primitif. — Pour les
amendes, on considérera le jour du délit et non celui
de la condamnation. — Les dépens d'un procès
commencé avant le mariage, mais continué et jugé
depuis, seront tous exclus de la communauté. — *Quid*
si l'un des époux, au jour du mariage, gère une
tutelle? On met d'abord hors communauté les articles
du compte dont il était redevable avant son union.
Mais les articles ultérieurs, résultant de recettes faites
ou de fautes commises pendant le mariage, constituent
autant de dettes postérieures. Il ne faudrait pas hésiter parce que la qualité de tuteur a précédé le mariage (Cf. art. 2135); les dettes de l'époux ne naissent
point fatalement de cette seule qualité; elles ont chacune leur cause dans un fait distinct (1).

De même quand un des époux a des enfants d'un
premier lit. Bien que l'obligation de les nourrir ait
un principe antérieur au mariage, néanmoins, comme
cette obligation renaît chaque jour, toutes les dépenses
de ce genre faites durant la communauté restent à sa
charge.

(1) Pothier, Comm., n°° 354 à 359.

Dettes futures. — Rectifions d'abord une erreur du texte. L'art. 1498, en excluant de la communauté « les dettes actuelles et *futures,* » pèche par trop de généralité. C'est la même erreur que lorsqu'il exclut, sans distinction, « le mobilier respectif, présent et *futur.* » Il est impossible, on le comprendra, que la communauté ne subisse aucune des dettes futures. Ce que le texte a voulu exclure, ce sont seulement les dettes personnelles aux époux, les engagements relatifs à leurs propres, les dettes dont sont grevées les successions et donations qui leur échoient pendant le mariage (1).

Sont dettes de la société d'acquêts :

1° Celles que contracte le mari durant le mariage. Appliquer purement et simplement le droit commun.

Soit, par exemple, une dot promise par le mari seul, en faveur d'un enfant commun. — Il est vrai qu'en pareil cas, dans l'ancienne jurisprudence des pays de droit écrit, la société d'acquêts n'était pas obligée. Le devoir de doter était considéré comme office paternel et non comme office maternel; aussi le père était il censé acquitter une dette personnelle, et la mère n'était-elle engagée que si elle avait signé (2). Mais aujourd'hui les idées du droit coutumier ont triomphé. L'office de doter, étant tiré de

_____

(1) Troplong, III, 1890. — Odier, II, 625, 701. — Rodière et Pont, II, 42.

(2) Tessier, n° 127. — D. l. 19 De r. nupt. — C. l. 7 De dot. prom. — Bordeaux, 12 décembre 1834 (Dalloz, 35, 2, 61).

l'affection naturelle, est commun aux deux époux;
aussi dirons-nous, par application de l'art. 1439, que
le mari, en dotant les enfants communs, agit pour sa
femme autant que pour lui.

La société demeurerait engagée aux dettes du mari
quand même ces dettes n'auraient pas été contractées
dans l'intérêt commun, pourvu qu'elles ne le soient
pas dans l'intérêt personnel du mari. Si, par exemple,
celui-ci cautionne un tiers pour lui rendre service,
la société sera tenue de cette dette (1).

Pour les délits du mari s'en rapporter à l'art. 1424.

2° Tombent aussi en communauté les dettes de la
femme agissant soit avec l'autorisation du mari, soit
en vertu de son mandat exprès ou tacite, ou lorsque
le mari lui laisse faire le commerce. En dehors de ces
cas, les dettes de la femme n'affectent pas la communauté.

3° Celle-ci doit payer, à dater de son ouverture, les
arrérages ou intérêts des rentes ou dettes passives qui
sont personnelles aux deux époux. L'art. 1512, tran-
chant de vieilles controverses, applique l'art. 1409 § 3
à la séparation de dettes ; il l'applique donc à la société d'acquêts. Que sont en effet ces intérêts qui
naissent pendant la communauté ? Ce sont des dettes
de la communauté *quæ quotidie renascuntur* (2). La
société qui recueille les fruits des propres doit réci-

(1) Pothier, n° 218. — Troplong, III, 1893. — Cass., 19 juillet
1864 (Dev. 64, 1, 441).
(2) Pothier, De la comm., n° 360.

proquement supporter les arrérages des dettes propres.

On aurait pu stipuler le contraire dans le contrat. Quoique enseignée par Lebrun (Comm. liv. II, ch. 3, sect. 4, n° 10), la négative n'est guère soutenable (1). Pour être insolite, un pacte n'est pas nécessairement illégal.

4° Tombent enfin dans la société d'acquêts les dettes énumérées aux n° 4 et 5 de l'art. 1409.

...ettes des successions et donations. — L'actif de ce. ...uccessions ou donations n'entre pas en communau... le passif ne saurait y entrer davantage. Mais la co... ...unauté paie les intérêts des dettes successo-r.. (art. 1512).

CHAPITRE XII.

DE L'ADMINISTRATION DES BIENS.

Pour l'administration des biens de la communauté, appliquer simplement le droit commun.

Passons à l'administration des propres de la femme.

Comme dans la communauté légale, c'est le mari qui les administre : appliquer les art. 1428-30.

Deux questions : 1° Quelle est en général la condition des propres mobiliers des époux ? 2° Quels sont les pouvoirs du mari sur les propres mobiliers de la femme ?

(1) Pothier, n° 360. — Duranton, XV, 90. — Odier, II, 769. — Rodière et Pont, II, 200. — Troplong, III, 2055.

Première question. — Quelle est la condition des propres mobiliers des époux ? Cette question est surtout importante pour la femme.

Premier système. — Dans un premier système, on soutient que la propriété en est transférée, sans distinctions, à la communauté, et que le droit de l'époux se borne à la reprise de leur valeur. Ce n'est là, du reste, qu'une application d'une théorie plus générale, aux termes de laquelle, sous toutes les formes de la communauté, les meubles propres des époux y tomberaient toujours en qualité de *propres imparfaits.* Pareille décision s'appliquerait donc tant sous la communauté légale que sous la communauté d'acquêts, et encore aux meubles réalisés à la suite d'une clause d'apport, d'emploi ou de réalisation expresse.

Dans l'ancien droit, dit-on, les auteurs et la jurisprudence professaient unanimement notre doctrine. Pothier et Lebrun sont formels à plusieurs reprises (1), et on ne leur connaît point de contradicteurs. — Que ces errements aient été suivis par le Code, c'est ce que démontrent les art. 1428 et 1503. Le premier, parce qu'il accorde au mari l'exercice des actions mobilières, et ne lui interdit l'aliénation que des propres *immobiliers* de la femme ; le second parce qu'en employant le mot « *valeur,* » il montre bien que l'époux propriétaire n'a pas le droit de reprendre *en nature* ses propres réalisés. Cette théorie est d'ail-

(1) Pothier, n° 325. Introd. au t. X, De la cout. d'Orléans, n° 61. — Lebrun, liv. II, ch, 2, n°° 3 et 7.

leurs conforme et à l'intérêt de la femme garantie contre la dépréciation de ses meubles par la vétusté, et à l'intérêt des tiers qui pourront contracter sans crainte avec le mari; elle réunit ainsi tous les avantages.

Déduisons les conséquences du système. — 1° La réalisation, disait Lebrun, ne regarde pas les tiers. Aussi décide-t-on que les créanciers du mari ou de la communauté peuvent saisir les meubles propres de la femme, qui conserve seulement une action en récompense. Trois arrêts, rendus coup sur coup par la cour de Paris, consacrèrent en 1837 le triomphe de cette doctrine (1).

2° *A fortiori*, le mari est-il maître de vendre les propres mobiliers de la femme malgré elle.

Tel est, en bref, le premier système (2).

Notons cependant une discordance dans ce concert. M. Troplong, en admettant le principe, refuse de l'étendre à la société d'acquêts. Ici, dit-il, ce ne sont pas les art. 1500 et suivants qu'il faut appliquer. Pour tout ce qui n'est pas acquêt, il y a une véritable exclusion de communauté entre les époux (t. III, n° 1902).

Deuxième système. — Dans un second système, qui est le nôtre, il faut faire une distinction. En principe,

---

(1) 21 janvier, 15 avril et 11 mai 1837 (Dev. 37, 2, 303, 306).— Colmar, 12 août 1828 (Dalloz, 23, 2, 101).

(2) Troplong, III, 1936, s. — Merlin, v° Réalis. § 1, n° 1. — Bellot, III, p. 119. — Delv., II, p. 41, éd. 1819.

l'époux conserve la propriété de ses meubles propres, mais quelques-uns, par exception, tombent en communauté, à charge de récompense.

Débarrassons-nous d'abord des exceptions ; nous en reconnaissons trois.

1° La communauté devient propriétaire des choses qui se consomment par le premier usage ; le quasi-usufruit en implique forcément la propriété (art. 587, 1532, 1893. L. 7 D. *De usuf. ear. rer. quæ usu consum.*).

2° La communauté devient aussi propriétaire des choses que leur nature destine à être vendues.

Ces deux solutions ne souffrent aucune difficulté.

3° Mais on controverse si la communauté devient encore propriétaire des meubles livrés au mari sur estimation.

Quelques auteurs enseignent que l'estimation n'en transfère pas la propriété à la communauté (1). On ne doit faire échec au principe de propriété, disent-ils, que dans les cas strictement déterminés par la loi ; or, l'art. 1551 n'a trait qu'au régime dotal.

Nous tenons l'opinion contraire. Qu'on ne transplante pas dans la communauté les règles exorbitantes du régime dotal, rien de mieux. Mais pourquoi repousser un article purement interprétatif, lorsque l'analogie est flagrante ? N'est-il pas évident que si la femme prend soin de faire estimer ses meubles au

---

1) Toullier, XIII, n° 326. — Taulier, V, p. 182.

contrat, c'est qu'elle veut en soustraire la valeur aux détériorations de l'usage et aux caprices de la mode? Ce n'est plus sur le mobilier périssable, c'est sur le prix d'estimation que s'est portée l'intention des parties. La raison de décider est identique; la communauté repoussera-t-elle un article de bon sens, parce que c'est le régime dotal qui le lui offre (1)?

Ces trois exceptions admises, reste le principe. Nous disons que, sous la communauté d'acquêts (et plus généralement sous les diverses formes de la communauté légale ou conventionnelle, sauf la clause d'apport), chaque époux garde la propriété de ses meubles propres.

L'ancien droit, il est vrai, nous est contraire. Vainement a-t-on essayé de soulever des doutes sur ce point, que M. Troplong nous paraît avoir victorieusement établi contre les citations insignifiantes ou tronquées de M. Odier (2). Mais si l'authenticité de cette doctrine est certaine, il n'en est pas moins vrai qu'elle reposait sur de faux motifs. Pothier fournit des armes contre lui-même lorsqu'il dit : « Il a été nécessaire d'abandonner à la communauté ces meubles réalisés… sans quoi la communauté n'en pourrait avoir la jouissance (n° 325). » L'erreur ici n'est-elle point palpable? Excellent pour attribuer à la communauté (comme nous l'avons fait nous-mêmes) la pro-

---

(1) Duranton, XIV, n° 318. — Zachariæ, III, p. 517. — Paris, 11 mai 1837. — D. 1 § 1 De œstim.
(2) Troplong, III, n° 1930. — Odier, II, n° 73.

priété de choses *fongibles*, cet argument n'est-il pas
impuissant à motiver un principe général? Est-ce que
l'usufruitier de choses *non fongibles* en devient jamais propriétaire? Concluons que la théorie de l'ancien droit, exacte dans les limites de l'exception sus-
visée, péchait par une généralisation inopportune.

Maintenant le Code l'a-t-il reproduite?

C'est un principe qu'à moins de texte ou de convention contraire, le propriétaire conserve, en toute
franchise, la disposition de sa chose. Cela est incon-
testé pour les immeubles propres; où voit-on que la
loi en ait autrement disposé pour le mobilier?

On invoque l'art. 1428 §§ 2 et 3. Mais l'argument
a contrario, toujours faible, devient inadmissible,
quand il conduit hors des principes; c'est ici le cas.
On n'a pas d'ailleurs de peine à comprendre que,
sous le régime de droit commun, où les meubles propres sont si rares, le législateur ait négligé de les viser expressément. On ne saurait conclure davantage
de ce que le mari exerce les actions mobilières de la
femme qu'il peut vendre son mobilier; car le droit
d'intenter une action n'implique point nécessairement
celui de disposer de son objet (art. 464 et 457 comb.,
art. 1549 C. N.).

On invoque ensuite l'art. 1503 (argument pris du
mot *valeur*). Mais la place qu'il occupe et sa liaison
avec l'art. 1502, prouvent qu'il vise uniquement la
clause prévue par le § 2 de l'art. 1500, c'est-à-dire la
clause d'apport.

On allègue enfin l'intérêt des tiers et celui de la femme. Quant à la femme, c'est justice que son mobilier se détériore à son compte; si elle voulait se créer une situation privilégiée, elle avait la ressource de l'estimation. Quant aux tiers, s'ils sont de bonne foi, l'art. 2279 les protégera, dans la mesure que nous allons dire. Aucune de ces considérations d'ailleurs ne saurait infirmer les règles du droit.

On voit, en résumé, que le plus fort argument de nos adversaires, c'est encore la tradition historique. Mais la tradition suffit-elle, en l'absence de tout texte, pour nous imposer une théorie fausse dans ses motifs et contraire à tous les principes du droit nouveau? Nous ne le pensons pas.

Notre interprétation est d'ailleurs confirmée : 1° par l'art. 1470 C. N. qui, sans distinguer les meubles des immeubles, permet à l'époux de prélever *en nature* ses biens personnels; 2° par l'art. 560 C. Com., qui autorise la femme du failli à reprendre *en nature son mobilier propre*.

Il existe enfin des raisons spéciales pour la société d'acquêts. La femme, en stipulant ce régime, a manifesté énergiquement la volonté de se réserver ses meubles. Aussi l'art. 1498 parle-t-il du prélèvement des apports; rédaction significative surtout si on la compare à celle de l'art. 1503. Peut-être même pourrait-on tirer un argument d'analogie des art. 1530 et

(1) Troplong, cf. III, nᵒˢ 1902 et 1936 s.

suivants, argument qui décide M. Troplong, défenseur
du premier système, à ne pas l'étendre du moins à la
société d'acquêts.

Voilà pour la première question. La solution influe
sur la question suivante.

B. *Seconde question.* — Quels sont les pouvoirs
du mari sur les propres mobiliers de la femme ?

Premier système. — Si l'on croit que la réalisation
des meubles de la femme n'en fait que des propres
imparfaits, on décide conséquemment d'abord que le
mari peut les vendre, et ensuite que, par ses actes, il
peut les engager à la sûreté de ses créanciers personnels ou de ceux de la communauté.

Deuxième système. — Quelques auteurs proposent
néanmoins une distinction. Sans doute, disent-ils, la
femme est propriétaire de ses meubles propres, en ce
sens que les créanciers de la communauté ou du mari
ne peuvent point les saisir. Mais cela n'empêche que
le mari, aux termes de l'art. 1428 § 3, n'ait, en sa qualité d'administrateur *cum libera*, le droit de les vendre. Si néanmoins cette vente constituait un acte de
mauvaise administration, la femme pourrait se faire
indemniser par son mari. Si même celui-ci consentait
des ventes frauduleuses, elle aurait recours contre les
tiers acquéreurs complices. Mais en dehors de ces cas,
la vente est valable et la femme n'a plus que le droit
de reprendre la valeur de son mobilier (1).

(1) Zachariæ, III, p. 517.

Troisième système. — Ayant reconnu que les meubles réalisés par la femme lui restent propres parfaitement, nous devons pousser jusqu'au bout leur assimilation aux propres immobiliers. Aussi déciderons-nous, avec la majorité des auteurs (1) : 1° non-seulement que les créanciers du mari ou de la communauté ne peuvent pas saisir le mobilier propre de la femme (art. 608, pr. c.) (2); 2° mais encore que le consentement de celle-ci est indispensable pour l'aliénation de ses meubles. Sans doute, si le mari les vend à des tiers de bonne foi, cette vente doit tenir à l'encontre de la femme. Mais il ne faudrait pas croire, cependant, que l'art. 2279 paralyse entièrement notre principe. La femme, en effet, pourra toujours revendiquer dans trois cas : 1° si, à la dissolution de la communauté, la vente consentie par le mari n'a pas reçu exécution; 2° si l'acheteur mis en possession était de mauvaise foi; et 3° s'il s'agit d'un meuble incorporel ou d'une universalité mobilière (3). L'article 2279, en effet, ne s'applique pas à ces trois cas.

Un revirement de jurisprudence a consacré notre doctrine.

Mais le mari n'en garde pas moins, sous la communauté d'acquêts comme sous la communauté

(1) Toullier, XII, 376, et XIII, 326. — Odier, I, 278. — Rodière et Pont, I, n°ˢ 50 et 53; II, n° 51. — Duranton, XIV, 318 ; XV, 20.

(2) Bruxelles, 3 juillet 1809. — Paris, 23 février 1835.

(3) Cass., 4 août 1862 (Dalloz, 62, 1, 480). — Bourges, 6 mai 1864.

8

légale, l'exercice des actions mobilières ou possessoires qui appartiennent à la femme. C'est notamment son droit et son devoir d'exiger le remboursement d'une créance formant un propre de celle-ci (1).

Rappelons que la femme, par une clause spéciale, pourrait se réserver l'administration de ses propres ou restreindre du moins les pouvoirs du mari ; elle pourrait stipuler aussi le droit de toucher, sur ses simples quittances, une portion de ses revenus (2).

CHAPITRE XIII.

DE LA DISSOLUTION DE LA COMMUNAUTÉ D'ACQUÊTS.

La communauté d'acquêts se dissout par les mêmes causes que la communauté légale.

1° *Par la dissolution du mariage.*

2° *Par la séparation de corps.* En pays coutumiers, quand le mari obtenait la séparation de corps contre sa femme convaincue d'adultère, celle-ci perdait tous ses droits dans la communauté. Cette règle était appliquée aux sociétés d'acquêts par la jurisprudence bordelaise. Mais le Code n'a pas reproduit cette pénalité. Quelle que soit la cause de la séparation de corps, le conjoint coupable garde ses droits

---

(1) Colmar, 23 déc. 1863 (Dev. 64, 2, 111).
(2) Bruxelles, 2 juillet 1828. — Paris, 15 avril 1839 et 2 juillet 1840.

dans la communauté. On controverse seulement s'il perd les donations à lui faites par l'autre époux ; mais même en admettant l'affirmative (opinion qui nous paraît effectivement la meilleure), il n'en faut pas moins réserver à l'époux coupable le bénéfice de la clause prévue par l'art. 1525 ; ce n'est pas là une donation.

3° *Par la séparation de biens.* On avait controversé, dans l'ancien droit, la question de savoir si la femme qui avait demandé la·séparation de biens pouvait ensuite accepter la communauté. Il paraîtrait qu'en matière de sociétés d'acquêts, le parlement de Bordeaux se prononçait pour la négative.

« Parmi nous, dit un annotateur de Lapeyrère, la séparation de biens tient lieu de renonciation à la communauté ; car la femme, en se séparant, y renonce tacitement (1). »

Cette doctrine néanmoins ne triompha pas dans l'ancien droit. Elle est également repoussée dans le droit moderne, soit pour la communauté légale, soit pour la société d'acquêts.

4° *Par le jugement qui annule un mariage putatif;*

5° *Par la déclaration d'absence.* Lo·que la véritable date du décès demeure à jamais inconnue et que l'époux présent opte pour la dissolution, la déclaration d'absence est, en fait, une cause de dissolution de la com-

---

(1) Mᵉ Beauno, notes ms. sur Lapeyrère, Lettre C, nᵒ 44. — Tessier, nᵒ 173.

munauté, Or la généralité des termes de l'art. 124 le
rend ind *inctement applicable à tout époux commun
en biens. Il régit les communautés conventionnelles et
notamment la communauté d'acquêts (1).

6° En dehors des causes légales les époux ne peuvent pas consensuellement liquider leur société.

Le rétablissement de la communauté d'acquêts se
fait comme celui de la communauté légale.

CHAPITRE XIV.

DE LA REPRISE DES APPORTS.

Une fois la société dissoute, et quelque parti que
prenne la femme, les époux retirent respectivement
leurs apports (art. 1498, § 2).

Mais ces apports doivent être dûment justifiés
(art. 1499). Ici, comme dans la communauté légale,
tout bien est réputé commun, tant que l'un des époux
ne prouve pas qu'il lui est propre (art. 1402, 1499).

Cette présomption, déjà admise dans l'ancien droit,
est fort rationnelle. Quand un époux, à son entrée
en ménage, ou bien en recueillant une succession, confond, sans précaution, ses meubles avec les meubles
de son conjoint, ne renonce-t-il pas ainsi à en rechercher l'origine? Et la possession de la masse par la so-

(1) Toullier, I, n° 467. — Zachariæ, I, p. 300. — Demolombe, II,
p. 276.

ciété d'acquêts ne vaudra-t-elle pas titre en sa faveur ?
Que de liquidations inextricables, si la loi n'avait
coupé court à ces difficultés !

Nous distinguerons : 1° le mobilier existant au jour
de la célébration du mariage; 2° le mobilier échu aux
conjoints pendant le mariage.

A. *Première hypothèse.* — Mobilier existant au
jour de la célébration.

La loi veut qu'il soit constaté par un inventaire ou
un état en bonne forme (art. 1499) antérieur au mariage (art. 1510, § 2).

Nous n'avons pas besoin de dire ici en quoi consiste
l'inventaire. Mais que devons-nous entendre par un
état en bonne forme ? Ce sera, par exemple, un
compte de tutelle, l'état estimatif accompagnant une
donation mobilière, celui qu'un testateur aurait inséré
lui-même dans le testament, ou l'acte de partage
d'une succession mobilière échue à l'un des conjoints.
Mais, pour avoir force probante, il faut que ces divers
actes portent une date assez rapprochée du mariage;
ou bien il faut que les conjoints, en s'y référant pour
la désignation de leurs meubles, reconnaissent ainsi
qu'ils existent encore au jour de leur union.

L'inventaire ou l'état doit-il être authentique ?
Malgré le texte de l'art. 1510, § 2, nous ne considé-
rerons pas l'authenticité comme indispensable. Rédigés sous seing privé, ces actes ne perdraient pas forcément leur valeur; il suffirait qu'avant le mariage
ils eussent acquis date certaine d'une manière quel-

conque, par exemple par l'enregistrement et le dépôt chez un notaire.

Lors donc que l'on peut produire un inventaire ou
un état régulier, la plénitude de la preuve est administrée, le vœu du législateur est comblé. Mais, que
décider en l'absence d'état ou d'inventaire? Que décider encore si l'inventaire ou l'état n'a été dressé que
postérieurement au mariage? La formule, pourtant
si énergique, de l'art. 1499 n'a pu trancher toutes
les controverses; il convient donc de les examiner.

Distinguons si la difficulté surgit entre les époux
ou à l'égard des tiers.

1° A l'égard des tiers. — Ce sont les créanciers
de la communauté qui disputent à l'un des époux, ou
bien les créanciers d'un époux qui disputent à la communauté le mobilier non régulièrement inventorié.

Les textes semblent bien n'autoriser que la preuve
par l'état ou l'inventaire antérieur au mariage (1510,
§ 2). Si l'inventaire, en effet, n'a été dressé qu'après
coup, ce retard le rend suspect d'inexactitude ou
même de fraude. S'il n'en a pas été dressé du tout,
son absence a dû laisser croire au tiers que tout le
mobilier était commun. Et les époux se joueraient
d'une confiance entretenue par leur incurie? Tant pis
pour qui élude les sages précautions de la loi! La
femme même n'est pas ici plus excusable que le mari:
au jour du contrat, elle n'était pas encore sous sa
dépendance.

Cependant, nous assimilerons à l'inventaire, ou à

l'état dressé par acte séparé, les constatations suffisamment explicites qui se trouvent dans le contrat
même de mariage. De pareilles constatations, à vrai
dire, n'équivalent-elles pas à un inventaire inséré dans
le contrat? Mais nous n'accepterions pas, comme
dans la clause d'apport (art. 1502), une simple estimation de la valeur du mobilier; pour l'exercice des
reprises, il faut que les meubles soient au moins énu-
mérés et convenablement décrits.

Notre solution s'interprète assez largement en jurisprudence. Jugé que le fonds de commerce apporté
par la femme lui reste propre, quand il est désigné
au contrat (Paris, 23 fév. 1835). Jugé de même, sous
l'ancienne loi des faillites, que, si la femme, dans le
contrat, avait énuméré des objets qu'elle se proposait
de reprendre au cas de séparation, elle pouvait les
arracher aux créanciers de son mari; le vieil article
554 C. com. ne lui était pas opposable (Rouen, 25
août 1826). Solution fortifiée aujourd'hui par le nouvel art. 560, conçu en termes beaucoup plus larges.

Nous croyons même qu'on appliquerait, et avec
raison, à l'égard des tiers une décision rendue spécialement dans une contestation entre époux (Bordeaux,
19 fév. 1856); on a reconnu propre au mari un office
ministériel dont la collation par décret impérial était
antérieure au mariage.

Jurisprudence équitable sans doute! Mais il est
sage de s'en tenir là.

Les créanciers pourront donc repousser toute autre

espèce de preuve. A défaut de titres ayant date certaine et antérieure au mariage, ils saisiront le mobilier propre, sans avoir aucun égard aux distinctions qui seraient arbitrairement réclamées (art. 1510). Et il en serait ainsi quand même le contrat de mariage porterait expressément que la femme pourra justifier de ses apports tant par titres que par témoins. Bonne entre les époux, cette clause ne peut énerver au préjudice des tiers les garanties que le Code leur assure (Poitiers, 6 mai 1836). Que si, en fait, la communauté a payé les dettes de l'un des époux, un époux celles de la communauté, il y aura lieu respectivement à récompenses.

2° La contestation surgit entre les époux ou leurs héritiers. Ici encore, les textes exigent l'inventaire ou l'état antérieur (art. 1499, 1510).

Ajoutons-y, tout d'abord, les diverses constatations que nous venons d'accepter au regard des étrangers : le conjoint ne doit pas être plus rigoureusement traité que les créanciers.

Mais enfin, que déciderons-nous à défaut de preuves antérieures et authentiques ? Reproduirons-nous la solution donnée à la question précédente ? Faut-il tenir ici tant de rigueur ? Entre époux, tout autre genre de preuve est-il inadmissible ?

Trois systèmes se sont formés :

1° D'après un certain nombre d'auteurs (1), l'arti-

(1) De Malleville, Anal. rais., t. III, p. 351. — Battur, 11, 367. —

cle 1499 serait purement énonciatif. Dans l'ancienne jurisprudence, disent-ils, on abandonnait entièrement le choix des preuves à la discrétion du juge. On admettait d'abord l'état postérieur au mariage ; bien mieux, on permettait aux conjoints d'en corriger après coup les omissions, ils ne pouvaient même plus le combattre en alléguant des avantages clandestins. — A défaut d'inventaire, on écoutait les témoignages ; à défaut de témoins, la commune renommée. Certains pays avaient même imaginé des présomptions ingénieuses. A Bordeaux, par exemple, et en Bourgogne, on recherchait quelle était la situation des époux au jour de leur union. Chacun avait-il un domicile meublé, les meubles, à la dissolution du mariage se partageaient par moitié entre les époux. Si un seul avait maison meublée, à lui seul les meubles étaient réputés propres. Que si, enfin, aucun n'était dans ses meubles, tout le mobilier était présumé acquêt. Sauf preuve contraire, le mobilier acquis au cours du mariage était censé remplacer celui qui existait à la célébration. Et l'expérience était si peu défavorable à ce système, qu'on avait accoutumé, dans le Bordelais, de ne presque jamais dresser état ni inventaire (1).

Jurisprudence équitable à laquelle M. de Malleville, rédacteur du Code, ne peut croire que le Code ait

Rodière et Pont, II, 49. — Troplong, III, 1882 (mais il hésite pour la preuve testimoniale).

(1) Pothier, Comm., nos 298-300. — Salviat, p. 17. — De Malleville, t. III, p. 242 et 351.

voulu déroger. Où voit-on, en effet, qu'il ait prétendu établir ici des présomptions irréfragables ? Pourquoi donc rompre cette tradition d'indulgence, de loyale confiance entre les époux ? Que les juges se montrent plus sévères pour telle ou telle preuve, nous le voulons ; qu'ils tiennent davantage rigueur au mari, Pothier le demandait à bon droit (*de la Comm.*, n° 300); mais enfin, quand une preuve sérieuse est administrée, qu'importe le mobile de leur conviction ? — Les époux (ou leurs héritiers) peuvent donc entre eux faire la preuve de leurs apports respectifs par toute espèce de moyens, ainsi, par des états postérieurs au mariage, par témoins, par commune renommée, etc.

C'est en ce sens que, de plus en plus, se prononce la jurisprudence récente (1).

2° Dans un second système, quelques auteurs introduisent la distinction de l'art. 1504. Appliquant contre le mari les textes dans toute leur rigueur, ils n'en permettent pas moins à la femme de faire sa preuve par tous moyens, même par commune renommée (2).

3° Mais dans l'opinion commune, on tient que l'art. 1499 est limitatif, et qu'il faut, en principe,

(1) Cass., 17 août 1825. — Req. 24 avril 1849 (Dal., 49, 1, 247). — Paris, 14 mai 1853 (Dal., 55, 55, 2, 68). — Poitiers, 15 nov. 1855. — Bordeaux, 19 fév. 1856 (Dal., 56, 2, 177). — Pau, 10 déc. 1858. — Cass., 19 juillet 1864. — De Malleville, III, p. 351. — Battur, II, 367. — Rodière et Pont, II, 49. — Troplong, III, 1881.
(2) Toullier, XIII, 305. — Glandaz, v° Comm., n° 358. — Douai, 2 avril 1846.

exiger entre les époux les mêmes preuves qu'au regard
des tiers (1). — D'abord, l'esprit et la lettre repous-
sent la distinction proposée entre le mari et la femme.
L'esprit, car, au moment du contrat, la femme est
suffisamment protégée par ses parents et ses conseils;
nulle raison de lui impartir un privilége. La lettre,
car l'art. 1504 ne vise limitativement que le mobilier
échu *au cours du mariage*. Il faut donc opter entre
les deux opinions extrêmes.

Cela posé, le premier système aboutit forcément à
une impasse. De deux choses l'une, en effet : — ou
bien, si l'on veut rester conséquent avec soi-même,
on accordera au mari durant le mariage les mêmes
facilités qu'au jour de la célébration ; mais alors, on
viole l'art. 1504, on n'échappe à l'inconséquence que
par l'illégalité ! — ou bien l'on respectera cet article,
mais quel motif d'être plus sévère pour le mari pendant le mariage qu'au jour de la célébration ? On
n'échappe à l'illégalité que par l'inconséquence.

D'accord pour repousser toute preuve *non authentique,* les partisans de cette opinion se divisent quant
aux preuves non *antérieures* au mariage. Un éminent
professeur, mais sans exposer ses motifs, poussait la
sévérité jusqu'à ne pas admettre entre les époux l'inventaire ou l'état dressé depuis le mariage (2). Nous

---

(1) Duranton, XV, 16. — Bellot, III, p. 27. — Taulier, V, 170.—
R. de Villargues, v⁰ Cout. de Mar., 641. — Zachariæ, t. III,
p. 512. — Cass., 31 mai 1828.

(2) M. Bugnet sur Pothier, Comm., 298.

préférerions l'avis de Marcadé, qui propose d'accepter encore aujourd'hui la décision plus indulgente de Pothier.

Sous le bénéfice de cette observation, c'est à ce dernier système que nous nous rangeons.

Seconde hypothèse. — Mobilier échu pendant le mariage.

Chaque fois que, durant le mariage, il advient à l'un des époux un mobilier propre, l'art. 1499 exige encore qu'il soit constaté par inventaire ou état. C'est naturellement le mari que la loi a chargé de ce soin. Exigence qui ressuscite les difficultés que nous venons d'examiner.

1° Au regard des tiers, nous réclamons toujours l'inventaire. Les créanciers ont vu le mobilier confondu ; ils ont eu raison de croire qu'il faisait partie de l'actif social. A moins donc qu'on ne leur oppose un inventaire ou un état, ils poursuivront leur paiement sur la masse du mobilier réputée commune à leur égard. Ni le mari (1) ni même la femme (2) ne pourront suppléer d'aucune manière à la seule preuve légale (3). Le cas échéant, il y aura lieu à récompenses de part ou d'autre.

2° Mais les époux entre eux ne pourront-ils pas administrer d'autres preuves ?

(1) Limoges, 3 août 1860. — (Dev. 61, 2, 241).
(2) Bordeaux, 21 janv. et 9 avril 1853 (Dev. 51, 2, 243 et 423). — Rej. 19 juin 1855 (Dev., 55, 1, 506).
(3) Troplong, III, 1885. — Marc., t. V, art. 1499, n° 3. — Rodière et Pont, II, 46. — Odier, II, 690.

Il faut appliquer l'art. 1504. — Le mari peut suppléer à l'inventaire régulier par un titre propre à établir la consistance de son mobilier. Nous croyons qu'on devrait assimiler à ces preuves l'aveu de la femme ou son serment. Mais la preuve testimoniale et, *à fortiori*, par commune renommée, est interdite au mari, il a toujours pu se procurer une preuve écrite. — Quant à la femme, au contraire, sa négligence est excusable; ne s'explique-t-elle point par sa dépendance? Aussi le législateur lui est-il facile : titre quelconque, aveu du mari (1), papiers domestiques, témoins, commune renommée, toute preuve pour elle est pertinente (art. 1504, 1415). Ses héritiers peuvent proposer les mêmes moyens (art. 1504).

Quid pour les héritiers du mari?

L'on résout généralement la question par une distinction. Les héritiers ordinaires, dit-on, ne peuvent pas avoir plus de droits que leur auteur; mais les réservataires ont un droit propre, aussi doit-on les admettre à prouver que l'inventaire a été omis à dessein et pour avantager la femme au préjudice de leur réserve; ils pourront alors faire preuve même par la commune renommée, puisque la fraude se prouve par tous les moyens. Nous leur accorderions même ce droit, par cela seul qu'ils seraient lésés, en l'absence de toute fraude (1).

Dans un autre système, on accorde à tous les héritiers du mari, sans distinction, les mêmes droits qu'aux

(1) Rouen, 27 mai 1841 (Dov. 41, 2, 450).

héritiers de la femme. L'art. 1504, dit-on, s'explique, dans son § 3, touchant la femme et *ses héritiers*; mais le § 2 ne vise que le mari limitativement et point ses héritiers; cette différence de rédaction n'est-elle pas significative? Pourquoi, d'ailleurs, le mari ne peut-il suppléer à l'omission de l'inventaire? Parce qu'il est en faute, mais les fautes sont personnelles; pourquoi donc ses héritiers innocents ne pourraient-ils pas prouver de toute manière le grief porté à leurs droits? Est-ce que l'on ne voit pas tous les jours des actes inattaquables par le *de cujus*, critiqués légitimement par ses successeurs (art. 921)? Aussi, notre solution est-elle acceptée par nos adversaires eux-mêmes lorsque le défaut d'inventaire blesse les droits des réservataires. Il nous paraît plus juridique de la généraliser (1).

Nous préférons néanmoins la première opinion.

Faute par le mari de représenter le mobilier de sa femme il en paiera l'estimation, s'il n'en prouve la perte par cas fortuit ou par détérioration naturelle. De même pour les meubles fongibles, livrés sur estimation, ou destinés naturellement à la vente; le mari en restituera soit de pareille quantité, qualité et valeur, soit l'estimation.

Résumons-nous. S'agit-il du mobilier antérieur au mariage? les tiers peuvent exiger une preuve perti-

---

(1) Delvincourt, t. III, p. 80. — Rodière et Pont, II, 46, Amiens, 17 déc. 1824. — Bruxelles, 27 fév. 1832. — Req. 19 déc. 1842. — Bordeaux, 19 fév. 1855 (Dev., 56, 2, 271).

nente, antérieure à sa célébration. Quant aux époux, malgré les distinctions ou les tempéraments que l'on propose, nous croyons qu'il faut, en principe, appliquer entre eux la même décision. On pourrait néanmoins s'en relâcher un peu pour admettre l'inventaire ou l'état postérieur au mariage.

S'agit-il du mobilier échu durant la communauté conjugale? Les tiers peuvent toujours exiger la preuve écrite. Quant aux époux, l'art. 1504 distingue entre le mari et la femme. Sauf les réservataires du mari, nous tenons que les héritiers de chaque conjoint ont exactement les mêmes droits que leur auteur.

CHAPITRE XV.

DE L'ACCEPTATION DE LA COMMUNAUTÉ, OU DE LA RENON-CIATION ET DU PARTAGE.

Hormis ces règles sur la reprise des apports, nulle singularité dans la liquidation d'une société d'acquêts. Cette réduction de la communauté ne modifie ni le triple droit d'option ouvert à toute femme commune, ni les conséquences particulières du parti qu'elle aura embrassé. Application pure et simple du droit commun (art. 1453-1496).

Renonce-t-elle? accepte-t-elle simplement? nulle difficulté. Veut-elle, tout en acceptant, ne s'engager qu'à concurrence de son émolument? mêmes questions que pour la communauté légale : aussi les éli-

minerons-nous de cette monographie. Contestez (1)
ou admettez (2), comme il vous plaira, la déchéance
faute d'inventaire dans les délais ; approuvez ou cri-
tiquez l'indulgence qu'en pareil cas certains arrêts ont
montrée (Paris, 11 janv. 1835, Dal. 35, 2, 5 ; Limoges, 19 juin 1835, Dal. 35, 2, 169), que nous importe ?
un point restera toujours hors d'atteinte, c'est l'inévi-
table conformité des solutions sous les deux régimes.

De même, dans la controverse, aujourd'hui purement historique, sur la nature des reprises de la
femme, la société d'acquêts a passé par toutes les
mêmes phases que la communauté légale. Aussi, lorsqu'après le succès éphémère d'une théorie célèbre,
les vrais principes ont enfin repris leur empire (Cass.
16 janv. 1851), la Cour de cassation les a-t-elle spécialement appliqués à notre régime (Cass. 27 juin
1864). Un arrêt attardé s'est néanmoins obstiné en
sens contraire (Metz, 10 avril 1862).

Une seule question pourrait faire doute. Malgré de
graves autorités, nous ne croyons pas à la personnalité morale de la communauté légale. Mais une raison
particulière ne semble-t-elle pas conseiller la solution inverse, pour la société d'acquêts ? Le parlement
de Bordeaux la traitait comme les sociétés ordinaires,
et préférait les dettes sociales aux dettes personnelles
des époux (3). Ne doit-on pas dès lors croire que le

(1) Troplong, III, 1843. — Rodière et Pont, II, 55. — Odier, I,
461. — Dalloz, XII, 2147. — *Contra :* Mourlon, III.
(2) Tessier, n° 239.

Code, en consacrant un régime traditionnel, s'est référé à l'ancienne jurisprudence?

Nous ne le pensons pas. Placée en appendice à la communauté légale, la communauté réduite aux acquêts n'est qu'une modification de la première, au seul point de vue de la composition active et passive ; mais elle en emprunte d'ailleurs toutes les règles. On remarquera que les arrêts de Bordeaux, cités en sens contraire, statuent sur des contrats passés avant le Code et ne font que constater historiquement une législation abrogée (Bordeaux, 30 août 1810. — 23 janvier 1826. — 6 juillet 1882. Dal. 38, 2, 26).

9

DEUXIÈME PARTIE

—

SECTION II.

Modifications conventionnelles de la communauté réduite aux acquêts.

Les contractants pourraient modifier à l'infini leur société d'acquêts. Mais les traditions locales ramènent cette diversité possible à quelques formes usuelles. Nous n'examinerons en détail que les trois suivantes : 1° la réversion des acquêts aux enfants; 2° la réduction de la communauté aux immeubles et rentes; 3° enfin et surtout la combinaison du pacte des acquêts avec le régime dotal.

CHAPITRE XVI.

DE LA RÉVERSION DES ACQUÊTS AUX ENFANTS.

Cette clause est-elle conciliable avec les principes du droit nouveau ?

On est généralement d'accord pour en proclamer la nullité, quand elle dérange l'ordre légal des successions. Cela comprend trois cas : 1° celui où elle exclurait les enfants soit d'un précédent, soit d'un subséquent mariage; 2° celui où elle violerait l'égalité du partage entre frères et sœurs; 3° celui enfin où les époux auraient stipulé l'ancien droit d'élection (1).

Mais en dehors de ces hypothèses, la réversion est-elle légale ?

A. *Premier système. Affirmative.*

1° Les législateurs eux-mêmes ont déclaré qu'ils entendaient conserver l'ancienne coutume. « Afin de marquer plus d'égards pour les habitudes, disait M. Siméon au Corps législatif, la loi a soin de réserver les sociétés d'acquêts. » Et comment les réserve-t-elle ? M. Duveyrier va nous l'apprendre : « La loi, dit-il, laisse à la société d'acquêts son existence *accoutumée*, et à ceux qui la contractent *la liberté des stipulations usitées*... On pourra encore stipuler la totalité des acquêts en faveur de l'époux survivant, ou *des acquêts en faveur des enfants*, pourvu que l'ordre légal des successions soit maintenu, la loi limitative des donations respectée. » Témoignage que M. de Malleville confirme en ces termes : « Les époux peuvent stipuler que la totalité des acquêts appartiendront au survivant d'entre eux, ou *qu'ils appartiendront aux enfants provenus du mariage* (2). »

(1) Merlin, Nouv. rép., t. VI, p. 751. Grenier, Des donat., t. I, p. 118.
(2) Locré, Législ. civ., XIII, p. 475. — Dalloz, XIII, 2586. — Malleville, Anal. raisonnée, III, p. 295.

2° Le contrat de mariage jouit d'une faveur exceptionnelle. Toute clause qui ne blesse ni la loi ni les mœurs y est permise. Ne doit-il pas être particulièrement permis d'assurer, à l'avance, le sort des enfants que le mariage a pour but principal de procréer ? Ne voyons donc pas dans la réversion une donation ordinaire. Ce n'était pas ainsi d'ailleurs qu'on la considérait à Bordeaux. Le barreau attestait (1), Lapeyrère enseignait que c'était là un simple pacte nuptial, dispensé, à ce titre, de l'insinuation. Telle est encore la nature de cette clause. C'est une condition de la société, un pacte joint au contrat, « une convention de mariage et entre associés (art. 1525). » Aussi échappe-t-elle aux prohibitions qui frappent les donations seules, pour participer à la faveur et à la liberté du mariage.

3° L'art. 304 parle expressément des avantages assurés aux enfants « *par les conventions matrimoniales* de leurs père et mère. » Si vous réprouvez la réversion des acquêts, où trouverez-vous de pareils avantages ?

4° Une instruction générale du ministre des finances (20 sept. 1831, n. 1381, § 6) décide que, si la clause a été stipulée, les enfants, au décès du prémourant de leurs auteurs, doivent déclarer les acquêts et acquitter un droit proportionnel. On admet donc la validité de la réversion (2).

(1) Salviat, v° Acquêts, n° 5.
(2) Troplong, III, 1858. S. Dalloz, XIII, 2586. — Rodière et Pont, II, 49.

B. *Deuxième système. Négative.*

1° On sait avec quelle défiance il convient de consulter les travaux préparatoires. Dans le feu de ces discussions préalables, gardons d'écouter comme un oracle chaque parole de chaque législateur ! Consignée seulement dans un livre, l'opinion de M. de Malleville n'a qu'une valeur individuelle. Celle de M. Duveyrier ne fut émise que devant le Tribunat. Et combien la formule s'adoucit en passant de la bouche du tribun dans celle de l'orateur du gouvernement ! Que dit, en effet, M. Siméon au Corps législatif ? Une seule chose : « La loi a soin de réserver les sociétés d'acquêts. » Mais en quel sens ? Il venait de l'indiquer lui-même. « Pourvu qu'on ne stipule rien que ce qui est honnête *et permis* (1). » Et c'est sur ce discours officiel que le Corps législatif vota le projet, sans s'inquiéter d'une opinion isolée, émise dans une autre enceinte.

Voilà donc les travaux préparatoires. Pour discerner ce qui est permis, ils nous renvoient aux principes généraux. Examinons-les.

2° C'est ici qu'on essaie d'équivoquer sur la nature de la réversion ; on lui dénie le caractère de donation pour lui supposer celui de pacte nuptial. Mais, quoi qu'on en dise, ce n'était pas de cette manière que l'envisageait le barreau bordelais. Si la réversion

(1) Locré, loc. cit.

était quelquefois qualifiée de pacte, c'était simplement pour la distinguer des donations ordinaires su-
jettes à l'insinuation, et si on la dispensait de l'insinuation, c'était parce que les édits et ordonnances
n'y soumettaient que les donations entre-vifs (1); or,
la réversion était à cause de mort.

C'est donc aux règles des donations qu'il faut encore aujourd'hui la soumettre. Cela posé, elle devient
inadmissible par trois motifs.

En premier lieu, c'est une donation à cause de
mort. Or, ce genre de dispositions n'est plus permis
(art. 893). Peu importe que Merlin et Toullier (2) aient
essayé de soutenir, contre tous, l'opinion contraire ;
de leur propre aveu, ces donations ne seraient tout
au plus permises qu'en la forme testamentaire. A ce
premier point de vue donc, il faut déjà réprouver la
réversion.

En second lieu, c'est une donation à personnes non
encore conçues. Or, dans deux hypothèses seulement,
pareille disposition est valable : d'abord au cas de
substitution permise ; ensuite, au cas d'institution contractuelle. Mais qu'il n'y ait pas substitution en l'espèce, c'est d'évidence ; et pour qu'il y eût institution
contractuelle, il faudrait une disposition faite en première ligne, par un étranger au profit d'un époux ;

(1) Edit. de déc. 1703, art. 2. Ord. de 1731.
(2) Merlin, Répert., v° Donation, sect. II, § 8 ; Sect. X, Toullier, X,
11. — *Contra* : Duranton, VIII, 6. — Marcadé, art. 893, no 2. —
Troplong, I, 40. — Demolombe, XVIII, 39.

alors, mais alors seulement, les enfants à naître pourraient être appelés, en seconde ligne, par une sorte de
substitution vulgaire (1) ; bien mieux, à moins de
clause contraire, ils seraient censés tacitement appelés. Mais, en dehors de ces deux cas, la donation à
personnes non conçues est nulle. Ainsi, dans l'opinion
commune (2), les époux, même en se faisant l'un à
l'autre une institution contractuelle, ne pourraient pas
se substituer leurs enfants à naître (art. 906, 1093).
Ce qui est au moins incontestable, c'est qu'ils ne peuvent les appeler uniquement et directement (3).

En troisième lieu, la réversion est une donation de
biens à venir, faite en dehors des cas où elle est promise.

En résumé, la réversion est une donation de *biens
à venir*, faite *à cause de mort*, à des enfants *à naître*,
elle est trois fois nulle.

3° On objecte l'art. 304. — Mais ferons-nous prévaloir un membre de phrase incident, écrit plusieurs
mois avant le titre des *Successions* et celui du *Contrat
de mariage*, sur tous les principes que ces derniers
ont posés ? L'art. 304, d'ailleurs, ne peut-il pas viser
précisément les substitutions ou institutions contrac-
tuelles faites dans le contrat de mariage et dont les
enfants devront profiter ?

(1) Toullier, V, p. 820. — Merlin, v° Inst. contract., § 5, n° 4.
(2) Troplong, IV, 2639. — M. Colmet de Santerre, IV, 269 bis. —
Demol., XXIII, 417. — *Contra* : Duranton, IX, 759. — Zachariæ,
VI, p. 282. — Toullier, III, 908.
(3) Merlin, v° Inst. contract,, § 5, n° 4. — Toullier, V, p. 820.

4° L'objection prise de la circulaire ministérielle est encore moins sérieuse. Si quelqu'un, dans le doute, choisit le parti le plus sûr, c'est apparemment le fisc. En 1831, d'ailleurs, la jurisprudence ne s'était pas définitivement prononcée.

Nous croyons donc que la réversion n'est plus permise (1).

CHAPITRE XVII.

DE LA SOCIÉTÉ D'ACQUÊTS IMMOBILIERS.

Un pacte fort usité autrefois, surtout en Normandie, c'était la stipulation d'une société d'acquêts réduite aux immeubles et rentes. Cette clause, valant exclusion de communauté pour tout le reste, les acquêts mobiliers restaient la propriété du mari ; la société ne comprenait que les immeubles acquis par lui au cours du mariage, et provenant des gains réalisés, soit par l'industrie des époux, soit sur les revenus de leurs propres. C'était donc une communauté d'acquêts dédoublée, une restriction d'une restriction.

Ce pacte, conservé par les mœurs dans l'ancienne

---

(1) Pour la validité de la clause : Troplong, III, 1858. — Rodière et Pont, II, 19. — De Malleville, II, art. 1581. — Jugement de Bordeaux, 14 mai 1824. — Contre : Consult. de Ravez, Martignac, Denucé.—Tessier (Soc. d'acq., n° 417. — Le Courrier des Tribunaux, 25 fév. 1855). — Odier, II, 715, 723. — Bellot des Minières, I, n° 20. — Limoges, 3 mars 1858. — Bordeaux, 18 août 18'4 et 23 août 1865.

Normandie (où il s'unit fréquemment au régime do-dotal), est-il conciliable avec les principes du droit nouveau ?

Premier système. Négative. — Zachariæ, selon sa coutume, ne se prononce qu'en style d'oracle ; il dit : « La clause par laquelle les époux stipuleraient que la communauté sera réduite soit aux *acquêts immobiliers*, soit aux *acquêts mobiliers*, devrait être considérée comme nulle (t. III, p. 519). » Et rien de plus ! D'autres, du moins, ont essayé de motiver l'arrêt. La position, disent-ils, serait trop commode pour le mari, trop préjudiciable pour la femme. En prenant soin de ne pas acquérir d'immeubles, le chef de la communauté pourrait s'en réserver tous les bénéfices ; ce serait une société léonine (1) !

Deuxième système. Affirmative. — M. Troplong renchérit sur le laconisme de Zachariæ, mais en sens contraire; il accepte la clause, sans ombre de discussion (t. III, n° 1856). Expliquons notre adhésion à sa doctrine.

La condition du mari, dit-on, serait trop avantageuse ! Mais est-ce là une raison de droit ? La femme ne pouvait-elle pas consentir l'exclusion de communauté ? Et n'était-elle pas assurée alors de ne participer jamais aux acquêts, même immobiliers ? Elle peut donc, *a fortiori*, stipuler un régime qui lui réserve au moins quelques chances favorables. La clause

(1) Bellot des Min., III. p. 24. — R. de Villargues, v° Comm., n° 447. — Rodière et Pont, II, 24.

n'a rien d'immoral ; aucun texte ne la prohibe ; à la femme et à ses conseils de peser le pour et le contre avant de signer (1).

Donc cette clause est encore aujourd'hui valable. Mais aujourd'hui, les rentes n'étant plus immeubles, on devra prendre soin de les viser expressément dans le contrat.

La difficulté capitale de cette société normande, c'est de déterminer quelles dettes doivent retomber à sa charge. Bien entendu, le passif afférent aux immeubles propres reste personnel aux époux. Mais cette réserve faite, quatre systèmes ont surgi.

Premier système. — La réduction de la société d'acquêts aux immeubles constitue un forfait de communauté. Conséquemment, la femme ou ses représentants ont droit à la moitié des immeubles acquêts et rentes, sans être tenus d'aucune part dans les dettes (art. 1522).

Deuxième système. — La société ne doit supporter que les dettes contractées à l'occasion des immeubles qui la composent.

Troisième système. — Les acquêts mobiliers du mari et les acquêts immobiliers de la société doivent contribuer au passif au prorata de leur valeur respective (2).

Quatrième système. — La société doit supporter

(1) Marc., t. V, art. 1498, 9, n° 5. — Rouen, 16 août 1803, 13 juin et 12 déc. 1822. Cass., 19 déc. 1827 ; 11 juillet 1838.
(2) Troplong, III, 1906. — Marc., V, art. 1498-9, n° 5. Cass., 31 mai 1828 (Dall. 51, 2, 127).

seule toutes les dettes, comme une communauté ordinaire.

Écartons d'abord deux opinions qui ne paraissent
pas suffisamment sérieuses. — En vain, pour exonérer
les acquêts immobiliers de toutes les dettes, le premier
système prétend-il que la clause en question constitue, au regard de la femme, un forfait de communauté ! Pour qu'il y ait forfait, deux conditions sont
indispensables. Il faut, d'abord, une communauté plus
large, où la femme amende un droit ordinaire, nous
voulons dire aléatoire, indéterminé et passible des
dettes. Il faut, ensuite, une clause spéciale qui métamorphose ce droit : en son lieu et place, la femme
stipule une somme fixe, exigible à tout événement et
déchargée de toutes dettes (art. 1522). Voilà le forfait de communauté. Mais rien de pareil en l'espèce.
Les immeubles dont la femme réclame la moitié, loin
d'être un équivalent fixe d'une part aléatoire, loin
d'être un forfait en un mot, sont précisément *l'unique
objet* de l'association. Ils sont *la communauté tout
entière !*

Quant au second système, il introduit un mode de
liquidation qui est absolument arbitraire. Où voit-on,
en effet, que chaque catégorie d'acquêts doive divisé-
ment les dettes contractées à son occasion? Erreur
isolée d'un jugement réformé sur appel (Bruxelles,
5 mai 1823), cette opinion ne résiste pas à l'examen.

Restent seulement en présence les deux derniers
systèmes : l'un soutenu par les auteurs, l'autre suiv

i

par la jurisprudence. Ici le choix est véritablement difficile.

Sans doute, disent les partisans de la troisième opinion, sans doute la communauté doit supporter toutes *ses* dettes; mais elle ne doit supporter *que les siennes*. Or, l'ensemble des dettes du mariage grève l'ensemble des acquêts. Ce sont tous les acquêts faits au cours du mariage qui doivent toutes les dettes contractées en même temps. Si donc les époux ont divisé la masse des acquêts en deux parties, meubles de ci, immeubles de là, il faut conséquemment diviser la masse des dettes en deux parties, proportionnellement à l'importance réciproque des deux catégories d'acquêts. Ce système est d'ailleurs le seul équitable. Dans la quatrième opinion (les autres ne sauraient sérieusement entrer en lutte), dans la quatrième opinion, disons-nous, quels déplorables résultats et quelle criante injustice ! Vous exemptez de toute contribution les meubles achetés par le mari ; mais alors, avec l'argent destiné au paiement des dettes, le mari va s'acheter des meubles propres ! et le poids entier du passif retombera sur la société toute seule ! Le mari est maître absolu de la communauté ; et vous l'intéressez à sa ruine !

Ces arguments ne nous ont point convaincu. — La troisième opinion, avouons-le, nous induit en grande tentation d'équité; la quatrième peut, au contraire, nous entraîner à des conséquences regrettables, mais cette dernière cependant nous semble la seule juridique.

— En effet, les économies que réalise le mari sur les revenus des biens dotaux (ou exclus de communauté) lui restent propres ; son droit n'est aucunement ébranlé par une association aux acquêts immeubles. Par cette clause, tout au contraire, les acquêts mobiliers restent étrangers au passif comme à l'actif de la société. Le mari enfin serait maître de ne jamais acheter d'immeubles, la femme s'en est remise à sa loyauté. Nulle raison, dès lors, de déroger au droit commun des sociétés conjugales.

Enfin, cette opinion est consacrée par la pratique la plus constante en Normandie. — On s'attaque d'abord aux rentes, puis aux immeubles, et l'on paie ainsi toutes les dettes, en épuisant s'il le faut l'actif social. Ce n'est que lorsque ces ressources sont insuffisantes qu'on entame la fortune du mari, à commencer par les meubles.

« Les informations, dit M. Troplong, que j'ai prises auprès de notaires expérimentés, m'ont donné la certitude que tel est le mode le plus constamment suivi ; c'est celui que les tribunaux ont coutume de sanctionner dans leurs jugements d'homologation (t. III, n° 1905). La jurisprudence la plus récente, en effet, se prononce unanimement en ce sens (1).

Une dernière question sur cette société normande : souffre-t-elle l'application de l'art. 1408 ?

(1) Bruxelles, 5 nov. 1823. — Caen, 21 janv. 1850 (Dev., 50, 2, 193 et 199). — Rouen, 29 juin 1850 ; 15 mars 1851 (Dall., 51, 2, 200). — Cass., 3 août 1852 (Dall., 52, 1, 257).

1º Supposons d'abord qu'avec les biens acquis durant le mariage, le mari copropriétaire d'un immeuble indivis en achète la portion qui lui manque. Cette portion lui sera-t-elle propre? deviendra-t-elle commune?

L'art. 1408, pourrait-on dire, se relie à l'art. 1401, et ne s'applique qu'aux communautés composées à la fois de meubles et d'immeubles. Il ne pose, en effet, sa règle que sous condition d'indemniser la communauté pour les deniers qu'on lui emprunte ; or, ici les deniers d'achat appartiennent tous au mari; impossible de remplir la condition.

Ce serait une erreur. L'art. 1408 contient une règle principale et une condition subsidiaire. La règle s'applique toujours, la condition si le cas échet. Quel est, d'ailleurs, le motif de l'indemnité? le dommage. Pas de dommage, pas d'indemnité, voilà tout. — Mais comment déclarer commun dans une société si restreinte ce qui serait propre même dans la communauté légale? — On se récrie contre la dureté de ce résultat pour la femme. Elle l'a voulu. Est-ce qu'aux termes de son contrat les deniers ainsi employés ne seraient pas, sans cet emploi, restés tous propres au mari (1)?

2º Même solution si le mari achète portion d'un immeuble indivis dont le surplus appartient déjà à la femme; celle-ci pourra retirer l'immeuble entier, si bon lui semble, mais, évidemment, elle devra récom-

(1) Rouen, 19 mars 1849. — Rej. 30 janv. 1850 (Dev., 50, 2, 279).

pense, car les deniers d'achat ne lui appartenaient
point. — Toute la difficulté est de savoir à qui est due
cette récompense et dans quelle mesure. Deux questions qui n'en font qu'une : 1° Est-elle due au mari
ou à la communauté ? A la communauté, car c'est elle
qui, sans l'art. 1408, aurait profité de l'acquisition.
— 2° Dans quelle mesure ? Jusqu'à concurrence de la
moitié du prix d'achat seulement, car, pour l'autre
moitié, l'acquisition appartient à la femme commune ;
elle ne saurait avoir sur un bien que la loi lui déclare
propre moins de droit que si ce bien était commun.

CHAPITRE XVIII.

DE LA COMBINAISON DE LA SOCIÉTÉ D'ACQUÊTS AVEC LE RÉGIME DOTAL.

> « En quelques lieux, comme à Bordeaux,
> on aimait à tempérer l'inflexibilité du ré-
> gime dotal par la confiance d'une commu-
> nauté imparfaite, que l'on appelait société
> d'acquêts, et l'on attribuait à ce système
> (car l'habitude justifie toujours ce qu'elle
> autorise) tous les avantages de l'un et de
> l'autre régime. » (Duveyrier, dans Fenet,
> t. XIII, p. 503.)

Posons un principe fondamental. La combinaison
dont il s'agit est une *accession* de régimes parfois an-
tipathiques. Dans leur cohabitation contractuelle, les
deux associés ne garderont pas toujours leurs coudées
franches. Mais, en cas de conflit, qui devra fléchir ?
Quel est le principal ? Quel est l'accessoire ?

Le principal, c'est la dot (1). Histoire, texte, raison, tout le démontre.

Historiquement, la société d'acquêts a pris naissance, comme paragraphe additionnel, du contrat dotal. C'est ainsi que le législateur la considère lorsque, à la fin du chapitre de la dot, il rappelle, sous forme de *post-scriptum* (art. 1581), que *néanmoins* on peut consentir en même temps ce pacte accessoire. Quelle est, enfin, l'intention des contractants? Sans doute, le but de leur combinaison c'est de stimuler la femme au travail, à l'économie, par l'appât d'une participation aux bénéfices. Mais cette clause subsidiaire, greffée sur la dotalité, ne doit jamais dépouiller l'épouse des garanties qu'elle a d'abord stipulées. Dans ses préoccupations anténuptiales, les biens présents ont passé avant les espérances ; et la femme, en s'associant aux chances de l'avenir, n'a pas entendu lâcher la proie pour l'ombre. Conserver d'abord, acquérir ensuite, tel est le véritable esprit de la combinaison.

C'est donc le régime dotal qui prédomine. Ce principe éclaircit toute la matière.

Le sujet n'est réglementé (si l'on peut appeler réglementation un pareil laconisme) que par un seul article (1581). La permission de combiner la dot avec la société d'acquêts n'avait même pas besoin d'être écrite ; elle dérivait des principes (art. 1387). Si donc

(1) Cass., 14 nov. 1864.

le législateur s'en explique, c'est par déférence pour
les habitudes locales, notamment pour celles de Bordeaux (1). Sans doute aussi il voulait convier les populations méridionales à mitiger ainsi leur vieille
dotalité.

Composition des patrimoines.

Quatre patrimoines au logis.

Biens propres du mari. — Sous le régime dotal
pur, le mari en aurait eu la jouissance. Maintenant,
les fruits et revenus tomberont dans la société d'acquêts. Réciproquement, elle sera tenue des charges de
la jouissance (art. 1409).

Fonds dotal. — En signant le pacte des acquêts, le
mari modifie sa situation à deux points de vue. Il ne
profite plus seul des revenus dotaux ; mais il n'est plus
tenu aux charges usufructuaires. Les obligations,
comme les bénéfices de l'usufruit, passent à la communauté.

Paraphernaux. — Nous verrons que l'on controverse à qui revient l'administration des biens extra-
dotaux de la femme. Une première opinion l'attribue
au mari. On dit alors communément que ces biens
sont tout ensemble *dotaux et paraphernaux* (2). Dotaux, en tant que le mari en a l'administration et la
jouissance; paraphernaux, en ce sens qu'ils sont alié-

(1) Fenet, XIII, p. 830.
(2) Mourlon, III, 481.

nables, prescriptibles, et que le mari ne peut exercer
les actions immobilières pétitoires. Marcadé, qui partage cette opinion, relève du moins ce qu'une pareille
terminologie offre d'antijuridique et de contradic-
toire. Il est conséquent avec sa doctrine en qualifiant
ces biens de propres de communauté (T. VI, art.
1584, n° 2). Nous, qui en attribuerons l'administration à la femme, nous leur conservons leur nom ordinaire de paraphernaux. Quoi qu'il en soit de cette lo-
gomachie, c'est la société, sans conteste, qui doit, en
fin de compte, percevoir les fruits des paraphernaux,
ou du moins les économies réalisées sur ces fruits.

Société d'acquêts. — En principe, sa composition
reste la même que si elle fonctionnait isolément.
Quelques précisions cependant.

Que décider si l'ascendant qui a doté la femme
en argent, livre un immeuble en paiement de la dot?
Dans la dotalité pure, cet immeuble ne serait pas dotal; le mari en deviendrait propriétaire et resterait
débiteur envers la femme du chiffre de la dot. L'article 1553 déroge ainsi à l'art. 1406. Mais le pacte des
acquêts change la situation. Le mari qui accepte un
immeuble au lieu d'une somme d'argent est un acheteur. Conséquemment, l'immeuble est un acquêt, et,
comme tel, il entre dans la société. Généralement
admise dans l'ancien droit, cette règle doit l'être encore sous le Code civil.

Quid si la femme, en stipulant la société d'acquêts,
s'est en même temps constitué en dot soit tous ses

biens, soit du moins tout ou partie de ses biens à venir? La dotalité frappera-t-elle la moitié d'acquêts de la femme?

A moins de convention formelle, nous croyons que la constitution de dot n'englobera pas les acquêts. Et qu'on ne nous accuse point de sacrifier déjà le principal à l'accessoire! Non; il ne s'agit pas encore de régler les effets du contrat, mais seulement d'en interpréter l'intention. Or, n'est-ce pas le cas d'appliquer les art. 1156 et 1157? Croira-t-on que les époux, après avoir stipulé une société d'acquêts, aient voulu paralyser instantanément ce pacte qu'ils venaient de souscrire? — Cherchons donc le moyen, tout en assurant à la constitution dotale une efficacité suffisante, de maintenir en même temps l'indépendance de la société d'acquêts. C'est ce que nous ferons : 1° en attribuant à la société les acquêts à titre onéreux; 2° en frappant seulement de dotalité les biens futurs acquis à titre gratuit, auxquels la société ne saurait prétendre. Telle nous paraît être l'interprétation la plus rationnelle qu'on puisse donner aux termes du contrat.

CHAPITRE XIX.

SUITE DE L'ADMINISTRATION DES BIENS.

Nulle difficulté, on le comprend, ni 1° pour le fonds dotal, ni 2° pour les propres du mari, ni 3° pour la so-

ciété d'acquêts. Cette triple administration est cumu-
lée par le mari.

Mais à qui l'administration des paraphernaux ?
Question d'autant plus délicate que les solutions jurisprudentielles sont plus rares ! Dans la pratique conjugale, en effet, il arrive presque toujours ce que le
législateur avait prévu (art. 1539, 1577, 1578).
C'est le mari qui, en fait, administre même les paraphernaux ?

Aussi pour soumettre la difficulté aux tribunaux,
faut-il des circonstances exceptionnelles : par exemple,
une femme expulsant de sa maison paraphernale son
mari qui l'habitait avec elle (Agen, 30 mai 1845,
Cass. 15 juillet 1846).

Mais la pénurie des documents n'enlève rien à l'intérêt de la question. C'est un de ces cas où les principes des deux régimes combinés se heurtent avec le
plus d'énergie.

Premier système. — C'est le mari qui a l'administration et la jouissance des paraphernaux, comme de
tous les autres biens du ménage.

Telle était la seconde coutume de Bordeaux (1). —
Le texte et la raison démontrent que le Code a suivi
cette tradition. Le texte, car l'art. 1581 renvoie aux
art. 1408, 1409, d'après lesquels la société est usufruitière de tous les propres des époux. La raison,

_____

(1) Frères Lamothe, sur l'art. 42. — Tessier, n° 8.

car le seul moyen de sauvegarder cet usufruit n'est-ce
pas de confier au mari l'administration des paraphernaux? Quel est en effet le chef de la communauté? Le
mari. Qui administre pour son compte? Le mari. Si
elle a des droits à faire valoir, qui donc en poursuivra
l'exercice? Le mari toujours. Et l'on permettrait à la
femme de paralyser ce droit par une administration
presque toujours inexpérimentée, souvent incapable,
peut-être malveillante! Pour être usufruitier sérieux,
il faut avoir l'administration, il faut surtout choisir
soi-même les fermiers ou locataires, discuter, rédiger,
consentir soi-même les baux; ce pouvoir est le seul
moyen de retirer d'un bien tous les revenus qu'il peut
produire. Ne séparez donc pas ce que le bon sens et la
nécessité ont uni ! Les paraphernaux, sous l'art. 1581,
ne sont plus que des propres de communauté (1).

Second système. — C'est à la femme qu'appartiennent l'administration et la jouissance des paraphernaux.

Sous l'ancien droit, l'usage inverse n'avait pu
triompher que dans le petit territoire de la coutume
de Bordeaux, qu'il ne faudrait pas confondre avec le
ressort bien autrement étendu du Parlement. Partout
ailleurs nos provinces de droit écrit suivaient la théorie romaine : c'est à la femme qu'elles reconnaissaient
le droit absolu d'administration (2). La société d'ac-

(1) Mourlon, t. III, p. 241. — Marcadé, V, art. 1581. — Riom,
13 nov. 1860.
(2) Cod. Just., l. V, t. XIV, 8. — Tessier, n° 85.

quêts avait droit seulement aux économies et aux acquisitions qui en provenaient. Les commentateurs notaient même la coutume dissidente comme dévoyée des vrais principes (1). Commençons par rétablir sur ce point l'authenticité de nos traditions.

Maintenant le législateur nouveau a-t-il voulu les rompre? S'y trouvait-il contraint par la logique de la situation? Rien, d'abord, dans les textes, ne révèle cette prétendue intention d'innover. Il est bien vrai que l'art. 1581 renvoie aux art. 1498-99 ; mais est-ce que dans la société d'acquêts, comme dans la communauté légale, la femme ne peut pas stipuler au contrat qu'une partie de ses revenus sera affectée à son usage exclusif? Eh bien! ce droit incontestable, la femme l'a exercé dans l'espèce. En se réservant des paraphernaux, elle a manifesté assez hautement sa volonté ; elle a invoqué, par cette clause, le secours de l'art. 1576 ; on n'a pas le droit de le lui ravir. Bien mieux, le texte lui-même suppose qu'elle peut faire des acquêts séparément (art. 1498) ; or, cela n'est possible que si on lui réserve la jouissance de certains biens.

Mais on s'écrie que la nature des choses y répugne! et que si la communauté est usufruitière, il faut bien que le chef de la communauté soit administrateur! Répondons que la société d'acquêts, pas plus que la communauté légale elle-même, n'est une véritable

(1) Frères Lamothe, t. II, Dissert., 2, n° 11.

usufruitière ; elle a seulement droit aux économies
réalisées sur les revenus, ce qui est bien différent.
Aussi pouvons-nous parfaitement distinguer, comme
on le faisait autrefois, le droit général de la femme et
le droit spécial de la société. Dans notre système matrimonial, les exemples ne sont pas rares de personnes qui,
en administrant un bien, doivent, dans une proportion
quelconque, en communiquer les revenus à une autre
(art. 1449, 1475, 1477-78). Telle est encore ici la
situation. La femme aura les revenus, la société les
économies. Ainsi se concilie dans une synthèse juridique l'antinomie apparente des art. 1498 et 1570.

Suivons donc l'ancienne pratique ; les textes s'y
prêtent, la raison n'y répugne point. Rappelons-nous
que le législateur, en conviant à ce régime tempéré
les populations méridionales, a voulu ménager leurs
habitudes ; rappelons-nous qu'introduit en faveur de
la femme, le pacte accessoire des acquêts ne saurait
tourner à son détriment ; maintenons, avec le respect
du contrat nuptial, le principe essentiel de l'article 1570 (1).

D'où il faut conclure : 1° que la femme, aujour-
d'hui encore, administre ses paraphernaux ; qu'elle
dispose à son gré de leurs revenus, et les peut em-
ployer à sa toilette, à ses aumônes, à ses dépenses

---

(1) Rodière et Pont, II, 737. — Troplong, III, 1861, 1900. —
Odier, 1818. — Bellot, IV, 320. — Sériziat, n° 387. — M. Colmet
de Santerre à son cours. — Agen, 30 mai 1845. — Cass., 16 juillet
1810. — Cass., 14 nov. 1861.

personnelles, comme bon lui semble. Elle peut même expulser d'une maison paraphernale son mari qui l'habite avec elle ; conséquence extrême mais logique de principe (Agen, 30 mai 1845). Le mari aura la ressource de la contraindre à le suivre ailleurs (art. 214).

2° Mais la société a droit aux économies réalisées sur ces revenus; ces économies sont des acquêts. Les droits du mari se réveillent donc en deux circonstances. — D'abord, si la femme emploie ses revenus en acquisitions, les biens acquis tomberont sous l'administration maritale. (La femme aurait pu néanmoins, par clause expresse, stipuler paraphernales les acquisitions payées avec les revenus paraphernaux.) — Ensuite, à la dissolution du mariage, le mari participera aux économies faites sur ces revenus; ce sont là des acquêts soumis à l'art. 1498.

Dotation des enfants communs.

Nous supposons que le mari a doté, en effets de la communauté, un enfant commun. Sujet diversement réglé sous la communauté légale et sous le régime dotal. Quelle solution emprunter dans la combinaison qui nous occupe?

Nous pensons qu'il faut appliquer l'art. 1439. Aux termes de l'art. 1581, la société d'acquêts est soumise aux mêmes règles que la communauté réduite aux acquêts; si nous y faisons plus tard des exceptions, ce sera seulement pour sauvegarder le dogme fondamental de la dot, son inaliénabilité ; mais ici, il est hors de cause. Aussi déciderons-nous que le mari, comme chef de la communauté, oblige la femme acceptante suivant le prescrit de l'art. 1439 (1).

La difficulté disparaît au cas des art. 1438 et 1544, § 1, qui sont en parfaite concordance.

CHAPITRE XX.

SUITE. DISSOLUTION DE LA SOCIÉTÉ.

Les causes de dissolution sont toujours les mêmes : ce sont la mort, la séparation de corps ou de biens, etc...

A. *Liquidation entre les époux.*

Première hypothèse : La femme renonce.

On demande si elle peut, chaque cas échéant, invoquer les priviléges des art. 1566, 1570 et 1571. La femme renonçante, en un mot, doit-elle être traitée comme dotale, ou comme commune ?

Sur quoi repose, dit-on, les faveurs accordées à la femme dotale ? Sur cette idée que le mari a pu s'enrichir avec les revenus de la dot. Mais ici la supposition est impossible. Si la femme renonce, en effet, c'est

(1) Bellot, I, n° 284-5.

que la société lui est onéreuse. Repoussons donc les règles du régime dotal, pour appliquer le droit commun.

Solution inadmissible ! — En stipulant le pacte des acquêts, la femme a voulu améliorer sa condition ; mais elle n'a entendu sacrifier aucun des priviléges de la dot. Deux qualités se cumulent en sa personne : elle est commune et dotale tout ensemble. Renonçante, elle est réputée sans doute (à l'instar de l'héritier qui renonce) n'avoir jamais été commune ; mais elle n'en reste que plus dotale. Parce que la société s'est trouvée mauvaise, parce que le mari l'a mal administrée peut-être, ou a fait dans son intérêt personnel de trop fortes dépenses, est-ce un motif pour dénier à la femme cette seconde qualité que son contrat lui a réservée ?

Réciproquement, le mari pourra invoquer toutes les règles de la dot, les délais de l'art. 1565, et, si le cas échet, le bénéfice de l'art. 1571. ·

Seconde hypothèse : La femme accepte.

Pourra-t-elle, en prenant sa moitié d'acquêts, cumuler avec le bénéfice de son acceptation les priviléges particuliers de la dot ?

Ce cumul de faveurs empruntées aux deux régimes ne nous paraît pas équitable. On entourerait ainsi la femme d'un luxe de protections exagéré ! Le pacte des acquêts a sans doute un but très-moral : empêcher que le mari bénéficie exclusivement des revenus dotaux. Mais ne tombons pas d'un excès dans l'autre.

Devenue commune par son acceptation, la femme doit se trouver sur un pied d'égalité avec son copartageant; elle ne peut plus prétendre à une situation privilégiée contre son mari.

Réciproquement, celui-ci ne pourra pas invoquer les règles spéciales de la dot.

Telles étaient, dans les deux hypothèses, les traditions de l'ancien droit (1).

Règles spéciales au cas d'absence.

Il est incontestable que le droit d'option, ouvert par l'art. 124, est applicable à la société d'acquêts, soit isolée, soit combinée avec le régime dotal. Le texte parle *en général*, de l'époux *commun en biens;* or, il y a communauté de biens sous l'art. 1581 ; cela suffit (2).

Question. Une femme mariée sous l'art. 1581 disparaît. Qui enverrons-nous en possession provisoire de ses paraphernaux ?

Dans un premier système, on soutient qu'il faut envoyer en possession provisoire les héritiers présomptifs de la femme, et tous ceux qui ont des droits subordonnés à la condition de son prédécès. L'esprit et le texte de l'art. 124, dit-on, n'accordent qu'à l'époux commun en biens le droit de paralyser l'exercice provisoire de ces droits. A l'époux *commun en biens,*

(1) Tessier, De la dot, p. 169.
(2) Zachariæ, t. I, p. 300. — Demo., t. II, n° 275.

cela veut dire : à l'égard seulement *des biens communs*, des biens auxquels peut s'appliquer *une continuation* de communauté (1).

Dans une seconde opinion, qui est la nôtre, c'est au mari qu'il faut conférer l'administration des paraphernaux. Que dit le texte effectivement ? Il parle de « *tous les droits subordonnés à la condition du décès de l'absent .... de l'administration des biens de l'absent,* » cela sans distinction aucune. Et l'art. 120 reproduit encore ces termes généraux ; il suppose très-explicitement que c'est seulement à l'époque de l'envoi définitif que les ayant-droit peuvent demander le partage des biens de l'absent ; voilà pour le texte.

L'esprit de la loi en confirme la lettre. Empêcher le morcellement des biens de l'absent ; concentrer aux mains d'un seul comptable le gouvernement de ses affaires ; tel est le but de l'art. 124. Dans cette période, d'ailleurs, la présomption qui domine encore, c'est celle de l'existence de l'absent. La loi enraye l'exercice des droits provisoires des autres intéressés ; il serait étrange qu'elle ouvrît seulement ceux des héritiers *ab intestat* ; ces droits sont, après tout, moins certains, ils dépendent plus du hasard et du législateur que les autres.

En gardant l'administration des biens de la communauté, le mari prendra donc ou conservera celle des paraphernaux (2).

1) Marcadé, t. I, sur l'art. 124, n° 15
(2) Demolombe, t. II, n° 276-7.

B. *Rapports des époux avec le stiers.* — 1° *Quant au fond dotal.*

La société d'acquêts ne porte aucune atteinte aux principes d'inaliénabilité et d'imprescriptibilité. Aussi, en acceptant la société, la femme garde-t-elle son action en revendication. Prétendra-t-on qu'en acceptant, elle a tacitement ratifié la vente, qu'elle est tenue à la moitié des dettes du mariage, et qu'on peut lui appliquer la maxime : *Quem de evictione tenet actio.....?* Vaines objections. Accepter implique l'intention de participer aux acquêts ; mais accepter n'implique point renonciation aux droits que le régime dotal consacre. L'acceptation ratifie les actes que le mari, comme chef de la communauté, avait le droit de consentir ; il n'avait point celui d'aliéner le fonds dotal. Quant à la maxime : « *Quem de evictione...* » elle n'est opposable, dans notre sentiment du moins, qu'à celui qui est obligé à garantie d'une manière complète. Elle ne l'est pas à la femme qui n'est tenue des dettes que pour sa moitié et jusqu'à concurrence de l'émolument constaté par son inventaire.

Et la femme pourrait revendiquer alors même qu'elle aurait concouru à l'aliénation ; l'inaliénabilité est le dogme fondamental du régime ; on ne saurait y déroger.

Mais n'oublions pas que la femme recueille la moitié de l'actif social. Si donc elle fait résoudre l'aliénation, elle sera tenue à garantie partielle sur sa part d'acquêts et sur ses paraphernaux. Elle devra rembourser à l'acquéreur la moitié de son prix d'achat, jusqu'à concurrence du moins de son émolument dûment constaté.

Enfin, certaines circonstances exceptionnelles pourraient impliquer ratification ; par exemple, si la femme acceptante prélevait sur la masse et partageait avec son mari ou ses héritiers le prix de son bien aliéné (1).

B. *Rapports des époux avec les tiers.* — 2° *Quant à la société d'acquêts.*

Nous avons résolu par la négative le point de savoir si, lorsque la femme se constitue en dot ses biens à venir, cette constitution englobe sa part dans les acquêts.

La séparation de biens donne au problème un nouvel intérêt, à notre solution une confirmation nouvelle. Que décider, en effet, si la femme prétend alors imprimer à sa moitié d'acquêts les priviléges de la dot ? Nous ne pouvons que persister dans notre opinion. En quoi ! avant la séparation, ces acquêts étaient alié-

---

(1) Rodière et Pont, t. II, n° 742. — Odier, t. II, n° 1518. — Tessier, De la dot, t. II, p. 79.

nables aux mains du mari ; survient la séparation, ils sont inaliénables ; qu'on rétablisse la communauté, ils redeviendraient disponibles ! ce serait une *dotalité intermittente* (1) *!*

On l'a soutenu néanmoins. Rien, dit-on, n'empêche la femme de rendre inaliénables, quant à elle, des biens que son mari peut aliéner. Et ne serait-il pas absurde, à la séparation de biens, de lui reconnaître des paraphernaux, quand son contrat a stipulé qu'elle n'en pourrait pas avoir (2) ? — Dans ce système, on doit conclure : 1° qu'après la séparation, la moitié d'acquêts de la femme est inaliénable; 2° et que ces acquêts sont même à l'abri des dettes contractées par elle durant le mariage.

Nous ne rencontrons, il est vrai, aucun principe absolu qui interdise un pareil résultat. Mais, en présence de son extrême bizarrerie, nous voudrions, pour l'admettre, que les conjoints s'en fussent très-formellement expliqués.

Abordons maintenant une longue série de controverses, simples variations sur un même thème. Au cas de l'art. 1581, la femme peut-elle subroger un tiers dans son hypothèque légale sur les acquêts?

Ne cherchons pas des procès ! Y a-t-il des cas où la femme dotale puisse subroger à son hypothèque? Dans quels cas l'hypothèque légale de

---

(1) Troplong, III, 1910. — Rouen, 25 juin 1844 (Dev., 44, 2, 665). — Rej. 29 juin 1847 (Dev., 47, 1, 606).

(2) Bellot, t. 1, p. 80, s.

la femme persiste-t-elle sur les biens communs alié-
nés? Toutes difficultés hors de cause. Nous nous pla-
çons, bien entendu, dans les circonstances (libre à
chacun de les déterminer) où 1° l'hypothèque survit
à la vente, et où 2° la subrogation serait interdite à la
femme, si elle n'était que dotale.

Maintenant, quelle sera l'influence de l'association
de la femme aux acquêts?

La difficulté surgit alors d'une antinomie entre les
deux qualités de la femme. Commune, on lui permet,
dotale, on lui défend de renoncer à son hypothèque;
comment ne pas sacrifier un régime à l'autre?

Il faut distinguer si la femme accepte ou répudie la
communauté.

A. *La femme répudie la communauté.*

Nous supposons, en premier lieu, qu'elle s'était
obligée personnellement, en subrogeant un tiers à son
hypothèque légale sur un acquêt. Peut-elle, en répu-
diant la communauté, se prévaloir encore de cette
hypothèque?

Premier système. Affirmative. — Nulle difficulté si les époux s'étaient simplement mariés aux
acquêts. Libre de s'obliger, la femme, même renonçante, demeurerait engagée au regard des tiers
(article 1494), et la cession de son hypothèque lui
serait valablement opposée. — Or, l'article 1581
nous renvoie aux art. 1498, 1499. Il y aura sans

doute une différence. C'est que, même par sa signature, l'épouse dotale n'obligera pas ses biens dotaux. Mais là s'arrête son privilège : les acquêts forment un patrimoine absolument distinct de la dot ; ils sont aliénables. Associée par son contrat, la femme ne peut échapper aux dettes qu'elle a consenties ; elle ne peut être commune pour acquérir et dotale pour conserver.

Telle était l'ancienne jurisprudence. Pour s'affranchir des dettes, il fallait que la femme n'y eût pas parlé. Mais, le cas échéant, elle pouvait exciper du Velléien. Pourquoi du Velléien ? On sentait donc que le régime dotal n'offrait pas une garantie suffisante ?

La bonne foi, l'intérêt des tiers, le crédit public protestent contre des arrêts qu'une préoccupation ultra-dotaliste entraîne loin des principes, des traditions et de la loi (1).

Deuxième système. Négative. — On allègue contre nous l'ancienne jurisprudence ; mais parmi tant d'écrivains de nos provinces dotalistes, on n'invoque qu'un seul témoignage, celui de Tessier. Or, Tessier n'écrivait qu'à un point de vue local, et tout son luxe de citations est emprunté aux jurisconsultes du Nord, mal venus à trancher une question délicate de dotalité. L'intérêt, d'ailleurs, en était alors

(1) Troplong, III, 1911. — Tessier, nᵒˢ 183, 189, 191, 228.

11

bien moins grave : le Velléien régnait encore, et Lapeyrère (lettre C, n° 10) témoigne que, dans l'usage
de Bordeaux, la femme pouvait se faire relever des
dettes mêmes où elle avait parlé. Tous ces palliatifs
lui créaient une situation fort douce ; on sentait
moins la nécessité de la délier au nom même du régime dotal ; mais que lui restera-t-il aujourd'hui, si
vous l'autorisez à sacrifier la dernière protection de
sa faiblesse ?

Les principes de la dot condamnent d'ailleurs cette
vieille jurisprudence. Renonçante, la femme est réputée n'avoir jamais été associée ; son hypothèque frappe
sur tous les acquêts dont le mari reste seul propriétaire. D'où suit qu'elle n'a pu, par obligation ou autrement, restreindre ses garanties au préjudice de sa
dot ; à tout prix il faut que la dot soit sauvée.

On invoque la bonne foi, le crédit public auquel le
pacte des acquêts a fait appel ! Argument sans force,
précisément parce qu'il prouverait trop. N'irait-il pas
jusqu'à renverser le système dotal lui-même ? Ces
vieux reproches, d'ailleurs, depuis la loi du 10 juillet
1850, ont bien perdu de leur importance ; que les
tiers contrôlent la situation, sinon qu'ils imputent à
eux seuls les suites de leur négligence.

Passons à une espèce un peu plus compliquée. Au
lieu de s'engager envers un tiers, la femme a concouru
avec le mari à la vente d'un immeuble acquêt. Dirons-
nous encore que, si elle renonce, elle pourra exercer
contre l'acheteur son droit d'hypothèque légale ?

Premier système. « Quoi de plus inique, s'écrie M. Troplong, quoi de plus vexatoire, de plus contraire à toutes les règles du crédit, de la bonne foi, de la stabilité des conventions! » On fausse les principes par des idées maladroitement empruntées au régime dotal! On ressuscite le Velléien! On nous fait rétrograder jusques aux temps antérieurs au Code (t. III, n. 1912)!

Second système. L'unique argument que l'on nous oppose sans cesse, c'est que les règles de la dot ne peuvent déroger aux principes de la société d'acquêts. Telle est du moins l'interprétation à laquelle on soumet l'art. 1498. La femme, dit-on, ne saurait être tout ensemble dotale pour conserver et commune pour acquérir. Elle ne peut s'affranchir, en sa première qualité, des engagements contractés en la seconde.

Il nous semble, au contraire, que tel est le véritable esprit de ce régime mélangé. En combinant avec la dot une communauté restreinte, la femme a voulu, précisément, sans rien sacrifier de ses avantages, s'assurer l'espérance d'une part dans les profits de l'association. Réfugiée sous le couvert de la dotalité, elle n'a plus le droit de jeter son égide. La protection que son contrat a invoquée la suivra, malgré elle, jusqu'à la fin (1).

B. *La femme accepte la communauté.*

Montons encore d'un degré.

(1) Angers, 10 août 1839 (Dev., 40, 2, 131).

Jusqu'à présent nous avons raisonné dans l'hypothèse où la femme répudie la communauté. Mais qu'adviendrait-il si, après avoir subrogé un tiers dans son hypothèque, ou concouru même à la vente des acquêts, elle accepte la communauté? C'est une nouvelle difficulté.

Premier système. Il y a, dit M. Troplong, quelque chose de plus inique encore que le système combattu aux deux numéros précédents. C'est la jurisprudence qui accorde à la femme droit de préférence sur les acquêts, alors même qu'elle a accepté la communauté (1).

Il invoque en ce sens les traditions de l'ancienne jurisprudence. Tessier lui fournit de nombreux documents qui paraissent, il faut l'avouer, fortifier singulièrement sa thèse. Ce sont, d'abord, diverses attestations de jurisconsultes girondins qui distinguent, en effet, le cas où la femme répudie et le cas où la femme accepte (2). Vient ensuite un arrêt de Bordeaux, daté du 15 ventôse an XII. Pour l'intelligence de cet arrêt, il faut se rappeler que l'art. 32 de la seconde coutume de Bordeaux permettait à la femme de stipuler que, à la dissolution du mariage, elle serait rétentionnaire des biens de son mari. Par là, elle devenait préférable aux créanciers postérieurs au mariage, pour la reprise de sa dot et cas dotaux. Or, la question

(1) Troplong, n° 1913.
(2) Tessier, n° 179.

avait surgi de savoir si ce droit pouvait s'exercer sur les acquêts, alors que la femme en avait accepté la communauté. Problème très-voisin de celui qui nous occupe. La cour considéra que la qualité de commune imposa à la femme l'obligation de payer les dettes sociales.

Il ne peut exister d'acquêts, dit-elle, qu'après la distraction des dettes. Pour que la veuve en fût affranchie, il faudrait qu'elle renonçât à la communauté; mais le droit de rétention est incompatible avec la participation aux acquêts (1).

Il faut assimiler, continue M. Troplong, cette espèce à l'espèce actuelle. Ce que l'on dit du droit de rétention est vrai de l'hypothèque légale. Mêmes motifs, même décision. Bien plus, dans l'espèce précitée, la veuve ne s'était pas obligée envers les créanciers. Il y a majorité de raisons pour mon système.

Toutes ces conséquences se déduisent d'ailleurs invinciblement de l'art. 1581. Ce sont là des vérités élémentaires, triviales, manifestes, incontestées; c'est l'A B C de la communauté (2).

Second système. Tout cela serait évident sans doute, s'il s'agissait d'une femme commune. Mais l'A B C de la communauté ne doit point nous faire oublier l'alphabet du régime dotal. Il est non moins incontestable, manifeste, trivial, élémentaire, que l'épouse dotale est impuissante à sacrifier ses garanties,

(1) Bordeaux, 25 ventôse an XII. — Tessier, n° 226.
(2) Troplong, loc. cit.

et que la protection de son contrat s'impose à toutes ses tentatives pour l'éluder. Nous nous trouvons donc ramené toujours au même point. La femme de l'article 1581 est-elle plus dotale que commune? Est-elle plus commune que dotale?

Même au cas d'acceptation, nous ne pouvons croire que cet article ait confisqué le régime dotal. Il exprime une seule idée, c'est que la combinaison des régimes continue à être permise. S'il renvoie aux articles 1498-99, cela n'implique point, comme on le voudrait, une prédominance absorbante de la société d'acquêts. C'est une simple indication. Il n'était pas besoin de renvoyer au régime dotal ; l'art. 1581 lui est incorporé comme appendice.

L'ancienne jurisprudence de Bordeaux ne condamne pas sans appel notre doctrine. A l'arrêt invoqué par nos adversaires, nous opposons un jugement du 13 thermidor an VI, statuant sur une question identique. Nous retenons surtout le point d'histoire constaté par les motifs. « On a soutenu, disent-ils, que la femme doit renoncer à la communauté pour pouvoir se dispenser de payer les dettes. Ces principes n'étaient suivis que dans certains pays coutumiers ; mais *ils n'ont jamais existé dans les pays de droit écrit et surtout dans le nôtre*. Vis à vis des créanciers antérieurs au mariage, la femme est obligée de les rembourser pour se maintenir dans le droit de rétention ; mais jamais à l'égard des créanciers postérieurs ; ils sont sans action contre la veuve rétentionnaire. » — Ce jugement fut confirmé sur appel.

La jurisprudence moderne a renoué ces traditions. Trois fois dans une même affaire, la thèse que nous combattons a été démentie. Le tribunal de Dieppe l'a condamnée; la cour de Rouen a confirmé le jugement; la Cour de cassation a confirmé l'arrêt. L'arrêtiste, dans une note, approuve cette jurisprudence à triple degré (1). En effet, il ne peut y avoir d'émoluments qu'après le retrait de la dot. Après ce retrait seulement, on partagera les acquêts. Mais avant tout, il faut que la femme (acceptante ou renonçante, engagée ou non envers les tiers) retrouve cette dot intacte. Tels sont les principes inflexibles du régime. Il ne s'agit pas, pour le moment, de les critiquer, mais de les appliquer. Avant d'être législateurs, soyons juges.

RÉSUMÉ.

L'art. 1581 consacre une combinaison qui s'efforce d'atténuer les vices de la dotalité pure. Au régime dotal qui garde sa suprématie, vient s'annexer une petite communauté ; ainsi se forme de tous les régimes le plus favorable pour la femme. Mais, vivant d'emprunts hétérogènes, ce système composite éprouve des difficultés à concilier certaines antipathies.

(1) Cass. 28 juin 1847 (Devill., 1847, 2, 493).

D'abord, le mari et la femme se disputent l'administration des paraphernaux.

Le mariage dissous, nouvelles complications. — Dans les relations des époux, il faut distinguer si la femme accepte ou répudie les acquêts. Réglée, au premier cas, par le droit commun, la liquidation sera soumise, dans la seconde hypothèse, à tous les privilèges féminins de la dot.

Au regard des étrangers, ce régime à double face offre surtout les caractères de la dotalité. Éviction des tiers acquéreurs, inaliénabilité de l'hypothèque légale, garanties acharnées à protéger la femme en dépit d'elle-même, toutes ces règles, à notre estime du moins, doivent être maintenues.

La dotalité pure suscitait une double critique. Priver la femme de toute part dans les revenus, même dotaux, premier grief; enrayer la circulation des biens ou suspendre sur les acquéreurs une perpétuelle menace, second reproche. De ces deux vices, l'un seulement est corrigé par le pacte des acquêts ; l'autre subsiste. Il est vrai que, séduisante par un mirage d'équité, la théorie de M. Troplong propose de le faire disparaître. Mais, sous couleur d'interprétation, ce serait la réforme de la loi, ce serait l'holocauste de la dot. Remède héroïque et inacceptable! Accueillie à une petite place du foyer dotal, il ne faut pas que la communauté envahisse subrepticement tout le ménage. Le mal dont on voudrait guérir le système dotal, c'est sa vie. *Sint ut sunt, aut non sint!*

Nota. Il est cependant un moyen d'atténuer encore mieux les inconvénients de l'inaliénabilité : c'est la clause de remploi. Quand elle se ligue avec la société d'acquêts pour corriger les rigueurs de la dot, elle en fait un régime assez acceptable, auquel la pratique, dans le Midi, témoigne de jour en jour plus de faveur.

Les tiers, néanmoins, ne sont pas entièrement à l'abri ; ils restent garants du remploi.

L'étude de cette clause intéressante ne rentre pas dans notre cadre.

CHAPITRE XXI

DE QUELQUES AUTRES MODIFICATIONS CONVENTIONNELLES DE LA SOCIÉTÉ D'ACQUÊTS.

I. Dans certains pays de droit écrit, notamment dans le ressort du parlement de Bordeaux, il était d'usage que les père et mère, mariés aux acquêts, associassent leur fils et leur bru aux profits et pertes de leur communauté. « J'ai vu, dit un ancien magistrat, je ne dirai pas des centaines, mais des milliers de contrats de ce genre, *passés même sous le Code civil* (1). » Ainsi les Bordelais, qui repoussaient la continuation de communauté (2), pratiquaient une

(1) Bellot, IV, 2773.
(2) Tessier, n° 109.

sorte de communauté composée : on l'appelait *la Société des quatre*.

Cette clause ne saurait valoir aujourd'hui. Pareille
intrusion contrarie l'essence même de la société conjugale. La communauté composée est abolie (article 1442) ; ne lui permettons pas de revivre sous un
déguisement si transparent.

II. Mais nous tenons que les époux peuvent limiter
leur association aux acquêts mobiliers. Plusieurs auteurs (les mêmes qui annulent la société d'acquêts
restreinte aux immeubles) invalident, par les mêmes
motifs, la communauté d'acquêts mobiliers. C'est par
les mêmes motifs aussi que nous approuvons cette
seconde restriction comme la première. — Et nous
suivrons encore ici pour les dottes le même mode de
liquidation.

III. Les époux peuvent stipuler des parts inégales ;
ils peuvent même attribuer à l'un d'eux ou au survivant la totalité des acquêts.

Cette dernière clause est fort en vogue à Bordeaux.
D'ordinaire, le contrat réserve au survivant l'usufruit
au moins des acquêts du prédécédé, souvent même
l'usufruit du disponible sur ses propres. Ainsi combi-
nées, ces clauses forment un système très-favorable
aux époux. C'est une réaction contre cette règle immorale du Code, qui ravale l'épouse légitime à l'avant-
dernier échelon des successibles, au-dessous des bâ-

lards, en quelque sorte même des adultérins (1), presque dans la promiscuité du fisc (art. 762, 767 C. N.) (2).

Nous avons vu que la simple société d'acquêts échappe à l'action en retranchement (art. 1527). Mais en est-il de même pour l'attribution de tous les acquêts au survivant ?

Dans l'ancienne jurisprudence, la majorité des auteurs, s'appuyant sur l'ordonnance de 1731 (art. 20), considéraient cette clause comme une donation sujette aux réductions légales (3). On a voulu, sous le Code civil, reproduire la même doctrine. Mais, en présence des textes formels (art. 1520 et 1525), la jurisprudence l'a énergiquement repoussée (4). Cette clause ne constitue point une donation réductible conformément aux art. 1090 et 1093. C'est une simple « convention de mariage et entre associés » (art. 1525).

Exceptons, néanmoins, le cas où il existerait des enfants d'un premier lit. Leurs droits sont plus énergiquement sauvegardés que ceux des réservataires ordinaires (art. 1496, 1527). Aussi la convention de l'art. 1525 tombera-t-elle alors sous le coup de l'article 1527, et sera-t-elle réductible conformément à l'art. 1098 (5).

(1) Quant à la créance alimentaire.
(2) V. M. Jules Favre. Discours sur la propriété littéraire du 4 juin 1866.
(3) Pothier, Don. entre époux, n° 129.
(4) Cass., ch. c., 20 janv. 1830. — Rej. 12 juillet 1842.
(5) Rodière et Pont, t. II, p. 360. — Cass., 24 mai 1808. — Cass., 3 déc. 1862 (Dalloz, 62, 2, 44).

CHAPITRE XXII

DES DROITS D'ENREGISTREMENT.

En règle générale, les stipulations restrictives de la communauté légale ne donnent ouverture à aucun droit nouveau d'enregistrement. On reste soumis à l'empire de la fiscalité ordinaire (loi du 22 frimaire an vii, art. 68, § 3, n° l ; — loi du 28 avril 1816, art. 45, 2°). Droit fixe de cinq francs, plus les décimes. Ce droit embrasse non-seulement le contrat en lui-même, mais la déclaration des apports et la quittance de la dot fournie par le mari.

La réduction de la communauté aux acquêts rentre dans cette règle générale. Pour le cas où cette communauté est stipulée, conformément aux art. 1498, 1499, il ne saurait y avoir l'ombre d'un doute.

Quid au cas de combinaison avec le régime dotal ? On avait voulu, dans cette hypothèse, percevoir un droit particulier de société. Mais la régie elle-même a reculé devant cette perception indue (1). Qu'est-ce, en effet, que la société d'acquêts ? Une clause accessoire du contrat de mariage (art. 1581) comprise dans le droit fixe de cinq francs. Or, il est de principe, en fiscalité, que les diverses conventions d'un même acte, dérivées les unes des autres, ne sont passibles

(1) Délibération du 15 juin 1827.

que d'un seul droit, celui de la convention principale.

De même, quand la société d'acquêts, isolée ou combinée, est attribuée en totalité, soit au survivant des époux, soit à l'un d'eux seulement, cette stipulation n'est point réputée un avantage entre époux ; c'est simplement un mélange de la société d'acquêts avec la clause prévue par l'art. 1525 ; elle est inhérente au contrat de mariage. Aussi la transmission réalisée au décès d'un époux ne donnera-t-elle pas ouverture au droit de mutation par décès (1).

Mais si les époux s'attribuaient par leur contrat des objets non compris dans les acquêts, notamment l'usufruit des propres du prédécédé pour le survivant, il y aurait lieu au droit de mutation.

Dans le système qui valide la réversion des acquêts aux enfants, de nouvelles questions surgissent.

Cette clause n'est pas inhérente au contrat. Néanmoins, l'enregistrement ne peut, au jour de la passation, exiger aucun droit. Toutes choses, en effet, sont encore dans l'incertitude : aura-t-on des acquêts ? aura-t-on des enfants ?

Mais, à la dissolution du mariage, on percevra, le cas échéant, un droit proportionnel. Aussi, une instruction générale (20 sept. 1831) oblige-t-elle les enfants à mentionner les acquêts dans la déclaration de succession. Cette déclaration doit même comprendre la totalité des acquêts. A la dissolution du mariage, la propriété de toute la masse a été transférée aux en-

(1) Tribunal de la Seine, 7 juillet 1841.

fants, sauf les droits de jouissance et de puissance paternelle réservés à l'époux survivant.

D'où il suit que, si le survivant abandonnait à ses enfants la propriété de tous les acquêts, en se réservant l'usufruit, il n'y aurait pas lieu au droit proportionnel (1). Ce n'est qu'une apparence de donation ; les enfants étaient déjà propriétaires. Le partage donne ouverture au droit fixe de cinq francs (2). Mais la régie percevrait un droit particulier et proportionnel, si les époux s'attribuaient des objets dont ils n'auraient pas été copropriétaires, c'est à-dire autres que des acquêts.

Les prélèvements ou reprises sont des opérations inhérentes au partage. Elles ne sont passibles d'aucun droit particulier, à moins toutefois que, les meubles ne se retrouvant pas en nature, l'époux qui avait le droit de les prélever ne prenne d'autres meubles, au lieu de reprendre la valeur des siens (3).

CHAPITRE XXIII

LÉGISLATIONS ÉTRANGÈRES.

Trois régimes principaux se partagent les législations de l'Europe et de l'Amérique. Ce sont le régime dotal, la séparation de biens et la communauté, qui

(1) Cass., 30 août 1837.
(2) Loi 28 avril 1816, art. 45, § 3.
(3) Rodière et Pont, t. II, n° 105-113.

se présente sous trois formes : société d'acquêts, communauté de meubles et acquêts, enfin communauté universelle. — Le régime anglais, très-original, ne peut se ranger dans aucune de ces trois catégories.

Les législations qui ont adopté la société d'acquêts comprennent généralement sous ce nom d'acquêts : 1° les biens acquis pendant le mariage par le travail et l'industrie des époux ; 2° les fruits des propres et des biens légués.

A défaut de conventions, la société d'acquêts est le régime légal dans l'Amérique du Sud, la Louisiane, le Wurtemberg, la Bavière, le duché de Nassau, l'Electorat de Hesse et à Francfort. — Elle est consacrée aussi par plusieurs *Fueros* d'Espagne.

Dans l'Amérique du Sud, les acquêts sont communs aux deux époux, quel que soit leur apport ; les charges de la communauté sont : 1° les dettes de chaque époux, sauf celles qui sont antérieures au mariage ; 2° la dot des fils et des filles. Si la communauté ne suffit pas pour payer les dettes, chaque époux les acquitte par moitié sur ses biens. En Bolivie, une règle particulière : la communauté prend fin quand les époux ont vécu séparément plus de dix ans, sans avoir de relations affectueuses. Elle cesse alors, à l'égard de l'époux coupable, à partir du jour de la séparation.

En Louisiane, elle comprend, outre les acquêts sus-indiqués, les biens acquis pendant le mariage à quel titre que ce soit (art. 2369-2372).

En Bavière, la société d'acquêts est le régime

légal (1). Mais le régime dotal est prédominant.

Elle a été introduite, comme droit commun, dans le duché de Nassau, par la loi du 10 janvier 1837.

Dans le canton de Vaud, il n'y a que la communauté d'acquêts ou moitié des acquêts qui puisse être expressément convenue.

A Malte, le régime dotal est très-usité ; mais le pacte des acquêts y est toujours censé écrit.

La communauté d'acquêts est réglée conformément aux art. 1489, 1499 dans les pays qui ont adopté en entier le régime du Code Nap., en matière de contrat de mariage. Il en est ainsi en Belgique, à Haïti, à Bade, à Neufchatel, etc. (2).

(1) Code Bavarois, liv. 1er, t. IV, art. 20, 21.
(2) V. Anth. de St-Joseph, concordance, Préface. — Odier, t. I.

TROISIÈME PARTIE

—

CHAPITRE XXIV.

CONCLUSION.

> « M. de Malleville demande que la
> société d'acquêts forme le droit
> commun de la France. »
> (Fenet, t. XIII, p. 549)

Au moment de quitter le terrain solide des faits et
des textes pour nous lancer dans le domaine des ap-
préciations et des conjectures, ne faisons pas difficulté
d'avouer un profond sentiment de défiance en nos
propres forces. Mais ni la recherche des origines, ni
le commentaire de la loi positive ne sauraient donner
jamais le dernier mot d'une grande question. Aussi,
n'aurions-nous pas considéré notre travail comme
complet, si nous n'avions essayé, du moins, après l'a-
nalyse des détails, d'en dégager l'idée synthétique
qui doit résumer et éclairer tout l'ensemble.

Quelle est la valeur scientifique de la société d'acquêts ? Comment satisfait-elle aux exigences multiples
de l'Économie, de la Législation et de la Morale ?
Quel rôle pourrait-on, sans trop présumer de ses forces, revendiquer pour cette forme du mariage ? Diffi-

12

ciles problèmes dont l'intérêt a séduit notre faiblesse !

Récapitulons avant tout les enseignements de l'histoire. A mesure que le niveau social s'élève, la position conjugale de la femme s'améliore : c'est un fait. D'abord esclave qu'on achète, elle devient une pupille que l'on protège, enfin une associée que l'on consulte; voilà les grandes étapes du progrès. Notre patrie les a toutes parcourues. Le premier système pratiqué dans les forêts de la Germanie ; le second, dans les Gaules, sous la domination romaine; le troisième, triomphant après la chute de l'Empire et sous l'influence de l'Eglise, mais affectant deux formes inégales: communauté coutumière au Nord, simple société d'acquêts dans nos provinces dotalistes, telles furent les péripéties de l'ancien droit. Tel la révolution le trouva, lorsque les fondateurs de notre unité juridique voulurent établir un régime de droit commun. Nous ne redirons pas les discussions qui furent alors soulevées. Dans une éloquente apologie du régime dotal (n'en était-ce pas plutôt l'oraison funèbre?), Caryon-Nisas proclame l'excellence du pacte des acquêts ; il désire qu'on l'adjoigne comme correctif à la constitution dotale. Un législateur pratique, modéré, timoré même, se montre plus hardi : *M. de Malleville demande que la société d'acquêts forme le droit commun de la France.* Mais sa voix se perd dans le silence ; la communauté coutumière triomphe. Du moins, en assurant au pacte des acquêts le premier rang parmi les formes de la communauté conventionnelle, le Code semble-t-il lui reconnaître

la supériorité sur les autres. Singulier honneur, n'est-
ce pas ? que d'être classé au second rang par tous ses
rivaux, après que chacun d'eux s'est décerné à lui-
même la première place !

Tel est le dernier état du droit. Malgré sa défaite
législative, la dotalité persiste dans les mœurs. Toujours les deux grands régimes sont en présence. Modifiés néanmoins tous les deux, ils ont perdu, sous une
sorte de niveau révolutionnaire, quelque chose de leur
originalité native. Dans la dotalité moderne, le mari
ne gagne jamais la dot (1) ; la femme a perdu son
augment et d'autres privilèges, la loi *Assiduis* est
partout abrogée. Dans la communauté, d'autre part,
l'omnipotence du mari est affaiblie ; il ne peut plus
aliéner à titre gratuit ; enfin, le système est décou-
ronné d'une institution sympathique : plus de douaire
pour la veuve. — Fidèles, malgré tout, à leurs rancu-
nes, les vieux rivaux n'en demeurent pas moins irré-
conciliables.

Mais, tandis que l'on se bat encore, dans les écoles
et dans les livres, pour la supériorité (2) de la dot ou
de la communauté ; tandis que les théoriciens démontrent la sagesse du législateur de 1804, le monde marche ;
les idées changent ; la pratique dément la fiction légale.
Survient un troisième régime : il grandit dans la faveur publique, il envahit le terrain d'autrui, il déchire

(1) Il la gagnait autrefois en
(2) Marc., t. V, p.   .—Genouillac, Hist. de la Dot.—Troplong,
Préface.

les pages officielles de la loi, et dans quelque statistique prochaine, il affirmera son triomphe par le fait
accompli, comme ces puissances naguères de second
ordre, qui, d'un coup, s'élèvent au premier rang, et
menacent de leur égalité les plus redoutables.

C'est à ce point que nous en sommes. D'une part, il
est vrai, dans les départements dotalistes, la négligence
des petits ménages à rédiger un contrat fait plus
pour la communauté légale que toutes les préférences
du législateur. Mais, d'autre part ᵃ ᵃs les vieux
pays coutumiers, disons mieux, de . . .ᵃ France entière, tous les ménages qui possèdent s'empressent
d'abjurer le droit commun. Dotalistes, communistes,
s'accordent pour invoquer le pacte des acquêts, au
moins comme appendice, le plus souvent comme unique base de leurs conventions.

Voilà les enseignements de l'histoire. C'est ainsi
que le législateur a compris le rôle de la société d'acquêts. Reste à nous demander si ce rôle subalterne
n'est réellement pas au-dessous de ses prétentions lé-
gitimes.

Communauté légale, société d'acquêts, régime dotal, telles sont les formes du mariage que la pratique
a sérieusement consacrées. Quelle en est la valeur
respective ?

Explorons d'abord le fort et le faible des deux
grands régimes entre lesquels la société d'acquêts
prétend se frayer une issue vers de plus hautes destinées.

Puissance conservatrice par excellence, le régime dotal garde dans le Midi des sympathies traditionnelles. Affecter le patrimoine à la lignée, protéger la femme contre l'incapacité ou les dilapidations du mari, sauvegarder l'éducation et l'établissement des enfants, voilà ses titres de noblesse et de gloire. Toutes ces grandes œuvres, qu'il se prétend seul capable d'accomplir, ne justifient-elles point quelques rigueurs salutaires? Crédit public, intérêt des tiers, circulation des biens, toutes objections impuissantes! La loi du 10 juillet 1850 ne ferme-t-elle pas la bouche aux justes réclamations? Quoi d'étonnant, dès lors, dans un contrat, qui est la charte de la famille, si les intérêts de la famille forment la première des préoccupations? Quel père, en dotant le mariage de sa fille, préférerait à l'assurance du bonheur les éventualités d'une loterie?

Ainsi parle l'enthousiasme des dotalistes. Mais quel revers à leur médaille! et par combien de gênes et d'entraves la dot ne fait-elle pas payer ses faveurs! Femme, mari, tiers acquéreurs, tous sont plus ou moins compromis par l'inflexibilité du système.

Egide spéciale de la femme, il commence par blesser celle-là même pour la protection de qui il fut inventé. Quelque part, la verve de Ménandre s'égaie sur la religieuse fidélité du sol de l'Attique, en matière de dépôt (1). Autant de grains reçus aux semailles,

_____

(1) Quint., Inst. or., lib. XII, c. 10, § 13. — Ménandre, ὁ Γεωργὸς, Fragments.

autant de grains rendus à la moisson. Pareille est la
fidélité du régime dotal. Spéculations heureuses, ré-
coltes exubérantes, économies doublant le capital, il
écarte la femme de toutes ces bonnes fortunes. A la
dissolution du mariage, quels droits aura-t-elle ? Retirer arithmétiquement son apport, exhumer un capital
enfoui et stérile ; au mari seul profiteront tous les bénéfices.

Mais ce privilége, le mari l'expie cruellement. Vi-
sitons nos départements dotalistes. En dépit des formalités remplies, quelle défiance dans les relations
avec les hommes mariés ! Ces reprises indéterminées,
cette hypothèque occulte, à laquelle la femme ne peut
renoncer, et survivant même en partie à la purge
(art. 772 C. pr.), planent comme une suspicion con-
tinuelle sur les transactions du mari. Partout le doute,
partout l'inquiétude !

Et les tiers-acquéreurs, s'ils omettent la moindre
formalité, s'ils se laissent une fois entraîner au crime
d'une loyale confiance, comme ils en sont sévèrement
punis ! Comme ils apprennent, à leurs dépens, que la
bonne foi est faute lourde en matière de dotalité !

L'intérêt public est lui-même en souffrance. Sans
doute, la nature agricole des départements du Midi
leur interdit le développement industriel du Nord ;
mais, dans leur infériorité, le régime dotal n'entre-
t-il pour rien ? Qu'on dresse dans les deux régions la
statistique comparative de l'industrie. En défalquant
la part de la nature, les chiffres proclameront encore

l'influence des pactes nuptiaux. Enfin, les règles de la dot outragent jusqu'à la morale. Elles sont une provocation légale à l'avarice du mari ; elles l'intéressent à réaliser des économies égoïstes sur l'entretien de la femme qui l'a enrichi.

Sacrifiée d'un côté, cette femme aura d'ailleurs ses victimes. « Qui s'oblige, oblige le sien, » disons-nous souvent ; mais cette règle n'est pas écrite pour elle. Elle peut promettre et ne pas tenir ; elle peut signer au contrat et méconnaître sa signature.

Avec de pareils vices, le régime dotal ne saurait être l'idéal du mariage. Serait-ce donc cet autre régime que la consécration législative propose aux préférences des époux ?

Les apologistes de la communauté ont prôné, et à bon droit, sa conformité plus grande avec la nature même du mariage, son caractère égalitaire et progressif, l'union plus complète entre les époux, la facilité pour les transactions commerciales, le partage équitable des bénéfices réalisés, etc., etc. Abrégeons sans scrupule : l'éloge des vainqueurs se trouve partout.

Malgré sa prérogative officielle, le régime légal n'en offre pas moins de très-graves inconvénients.

A l'instant même de la célébration, nous en trouvons deux principaux : 1° la confusion des dettes ; 2° la distinction des meubles et immeubles.

Vestige suranné du moyen-âge, la distinction des meubles et des immeubles perpétue, au sein de notre France industrielle et commerciale du xix° siècle, les

errements de la vieille France féodale. Non pas que
nous condamnions les différences que la nature même
des choses a dictées. En matière de gage, d'hypothèque, de saisie, de compétence, nous comprenons fort
bien que la mobilité de certains objets justifie une
procédure expéditive ou une juridiction personnelle ;
nous comprenons que l'assiette fixe de certains autres
entraîne une compétence territoriale, des formalités
plus nombreuses, les rende susceptibles même d'une
affectation plus étroite à la garantie du créancier.
Mais pourquoi, par exemple, refuser la revendication
des meubles? Que de critiques, si pareille rigueur se
rencontrait dans quelque loi romaine! Pourquoi, dans
les aliénations, prodiguer d'une part, supprimer de
l'autre, toutes ces mille formalités aussi gênantes que
protectrices? Pourquoi enfin (et nous rentrons pleine-
ment dans notre sujet), pourquoi introduire dans le
régime égalitaire des mariages une distinction sans
motifs, rupture de tout équilibre, source féconde de
difficultés? Jadis, quand la noblesse des personnes
s'asseyait sur la noblesse des terres, cette distinction
était en harmonie avec la constitution politique. Les
fictions des feudistes, d'ailleurs, avaient pris soin d'im-
mobiliser tous les éléments principaux des fortunes(1).
Le reste n'entrait guère en ligne de compte : *Res mo-
biliaria vilis !*

_____

(1) Offices, rentes, etc. On avait immobilisé jusqu'aux priviléges
des perruquiers! Pothier, de la Comm.

Mais aujourd'hui, sur quoi se fonde un pareil mé-
pris de la société mobilière? En reprochant au régime
dotal d'être arriéré sur le mouvement du pays, la
communauté ne s'aperçoit pas qu'elle porte elle-même
plus qu'une paille dans son œil. Sans exagérer, l'on
peut dire que l'accroissement prodigieux des fortunes
mobilières les rend égales maintenant, sinon supérieures à la valeur foncière du pays. Sans doute le législateur
de 1804 n'avait pas assisté, comme nous, à l'essor moderne de l'industrie et de la finance. Cependant, ceux qui
donnent le branle à la révolution, ceux du moins qui la
règlementent, n'en devraient-ils pas prévoir quelques-
unes des conséquences principales? Depuis quinze
ans, s'étaient écroulées les dernières ruines de la féodalité (1) ; depuis quinze ans, ce que l'ancien droit
appelait l'usure était permis (2); une sorte de consentement tacite avait même introduit la liberté absolue
du taux de l'intérêt (3) ; et c'était le Code lui-même
qui, en prohibant les rentes foncières, en mobilisant
les offices, enlevait à la classe des immeubles deux de
ses éléments principaux. Pourquoi, dès lors, fermer
les yeux à la nécessité d'une transformation économique? Pourquoi s'opiniâtrer dans des classifications
vieillies, et qui survivent à leur cause ?

Aussi quels résultats dans les mariages de droit
commun ! Cent mille francs de rentes sur le grand

(1) Décret du 4 août 1789.
(2) Loi 3-12 octobre 1789.
(3) Duvergier, du Prêt.

livre tomberont en communauté, une méchante bicoque de cent francs n'y tombera pas. Toujours irrationnelle, la distinction sera souvent bien dure. C'est le plus pauvre des époux peut-être qui versera dans la caisse sociale ses minces économies; et la communauté légale, qui s'arrête respectueusement au seuil d'un grand hôtel sur le boulevard, saisira, d'une main avide, un pauvre petit livret de caisse d'épargne. Poussons enfin jusqu'à un résultat incroyable, mais possible, sinon fréquent. L'un des époux a cent mille francs d'immeubles et cent mille francs de dettes mobilières; l'autre, en sens inverse, a cent mille francs d'actif mobilier et cent mille francs de passif immobilier. Par la vertu de la communauté, le premier garde intégralement son actif, toutes ses dettes étant payées, l'autre garde intégralement tout son passif, son actif n'ayant désintéressé que les créanciers du premier (1).

Nous reprochons encore à la communauté la confusion instantanée des dettes qu'opère la célébration. Le passif antérieur au mariage, ce passif souvent inconnu, quelquefois même dissimulé, se saisit immédiatement du conjoint trop confiant dans la loyauté de son conjoint. Un père croyait assurer à sa fille le partage d'une opulence brillante, ou tout au moins d'une *aurea mediocritas;* quel désenchantement ! les illusions de ce mirage s'évanouissent, sitôt la célébra-

(1) Il est juste de reconnaître : 1° que les exemples incontestables de passif immobilier sont fort rares ; 2° qu'en certains cas, l'article 1409, § 1, sert à corriger le vice que nous signalons.

tion consommée ; trop heureux, si la mince dot de l'épouse crédule suffit à solder les spéculations hasardées ou les folies de jeunesse du mari !

Nous entendons déjà la réponse. En pareil cas, dit-on, les époux prudents stipulent soit l'exclusion du mobilier, soit la séparation des dettes ; et puis, le vrai mot de l'énigme, c'est que la communauté légale est surtout le régime de ceux qui se marient sans contrat.

Mais a-t on justifié le régime légal, en remarquant qu'il est loisible aux époux de le corriger ? Et se-raient-ce bien les défenseurs de la communauté légale qui la réduiraient à servir de fosse commune aux mariages que l'imprudence ou la pauvreté consomme sans l'intervention du notaire ?

N'insistons pas sur les inconvénients que peut présenter la communauté au cours et à la dissolution du mariage ; dans une moindre mesure peut-être, ils se reproduisent néanmoins dans la société d'acquêts.

Mais enfin, cette institution (que déjà peut-être on nous accuse de tenir en réserve comme la réparatrice de tous les maux), cette institution est-elle de taille à remplacer avantageusement celles dont elle convoite l'héritage? Ou bien, ne devrons-nous pas, après examen, la reléguer parmi ces cadets de famille dont l'ambition surpasse le mérite ?

Sans attribuer à la société d'acquêts une perfection chimérique, disons qu'elle nous paraît corriger assez heureusement, et les vides du régime dotal et ceux de la communauté légale.

Nous nous sommes suffisamment expliqué sur le premier point : passons au second.

La communauté d'acquêts échappe aux deux griefs principaux que nous adressions à la communauté légale. Confusion des dettes, distinction des meubles et des immeubles, ce sont là des règles inconnues au régime de notre choix. N'implique-t-il pas, en effet, et la séparation des dettes et l'exclusion du mobilier? Partant, aucune crainte sur la révélation d'un passif dissimulé; plus d'inégalité dans la contribution respective à l'actif social ; loin de nous ces mariages dont le plus clair résultat est de valoir au mari quittance de sa vie passée, et d'en solder le reliquat en sacrifiant la dot de la femme. Les fraudes paralysées, les procès étouffés dans leur germe, la justice et l'équilibre rétablis, c'est en s'appuyant sur de pareils titres que la société d'acquêts sollicite nos suffrages. Mieux que tous les autres régimes, elle déjoue la pratique du vieux brocard, trop justement célèbre : « *En mariage, trompe qui peut.* »

Si équitable pour les époux, ce régime ne l'est pas moins pour leurs familles. La communauté légale a le tort de s'emparer, au nom du ménage, du mobilier appartenant aux époux avant leur union. C'est en quelque sorte un effet qui rétroagit avant sa cause. Le seul fait de la célébration vaut ainsi donation par chaque conjoint à 'autre de la moitié de sa fortune

mobilière. Or, combien de fois ces biens n'auront-
ils été acquis par le jeune homme ou par la jeune fille
qu'avec les conseils, avec l'aide, avec la collaboration même de la famille ! Il est dur d'enlever à celle-ci
toute chance de succession. — De même pour les hé-
ritages échus aux conjoints durant le mariage. Venus
de la famille, il semble qu'en l'absence de testament,
c'est à la famille qu'ils devraient retourner. Eh bien !
ici encore, c'est la communauté qui se saisit de tous
les meubles.

Il en est bien différemment de la société d'acquêts. Sous ce régime, on le sait, les meubles antérieurs au mariage, les successions, même mobilières,
restent propres respectivement aux époux. La communauté ne comprend ainsi que les biens gagnés par
les conjoints durant le mariage. N'y a-t-il pas, dans
cette distinction des propres et des acquêts, quelque
chose qui rappelle un peu une règle touchante de
notre vieux droit national. *Paterna paternis*, di-
saient les coutumes. Ici, sans doute, ce n'est pas
entre les deux lignes d'une même famille que *la fente*
s'opère ; mais n'y a-t-il pas une sorte *de fente* entre
la communauté, d'une part, et les époux de l'autre ?
A la communauté, tout ce qu'aura produit le travail du
ménage ; à chaque famille respective, ce qu'en avait
reçu chaque époux. Moins compliquée que l'ancien
droit, la société d'acquêts s'inspire néanmoins du
même esprit. La communauté des biens ne commence qu'avec l'union des personnes ; impossible

de mieux modeler l'accessoire sur le principal.

Mais il faut enfin se heurter à l'objection capitale. Qu'est-ce qu'un régime de droit commun? nous dit-on. C'est surtout le régime de ceux qui se marient sans contrat. Quand les époux ont négligé de régler eux-mêmes leur situation, c'est la loi qui doit se charger de prendre ce soin à leur place. Comment alors va-t-elle opérer? Pour les maisons, pour les fonds de terre, on aura toujours conservé quelques titres; on retrouvera bien l'origine de la propriété, la date de l'acquisition; aussi la loi peut-elle, sans inconvénients, déclarer que les immeubles acquis avant le mariage resteront propres aux époux. Mais comment faire pour les meubles? Le plus souvent dans la pratique, leur acquisition ne laisse pas de traces authentiques; impossible d'en préciser la date. Que fait alors le législateur? Il applique aux époux les conséquences de leur incurie; il laisse dans la confusion les meubles qu'il serait trop difficile de distinguer. C'est ainsi que la communauté légale supplée à l'absence de tout contrat, de tout inventaire, de tout écrit.

Cela posé, vouloir faire de la société d'acquêts le droit commun, c'est tomber dans une contradiction flagrante. Pour le fonctionnement de ce régime, ne faut-il pas d'abord discerner le mobilier antérieur du mobilier postérieur au mariage? Puis discerner aussi les dettes antérieures ou postérieures? Discerner enfin les meubles échus par succession, donations ou legs?

Toujours des questions de dates! La société d'acquêts ne peut faire un pas sans tenir des inventaires à la main! Or, nous sommes précisément en présence d'époux négligents, qui n'ont dressé aucun écrit. S'ils avaient eu, en effet, le soin de dresser inventaire, le plus souvent ils auraient eu tout aussi bien celui de rédiger un contrat. Mais ils n'en ont rien fait : en l'absence de tout document, la liquidation de la société d'acquêts serait impossible; il faut bien donc se résigner à la communauté légale.

On paraît compter beaucoup sur cette objection. Voici la réponse.

D'abord, pour les meubles échus au cours du mariage, il y a là quelqu'un, chargé précisément par la loi de les inventorier; c'est le mari. Nulle difficulté pour appliquer à la société d'acquêts la règle des art. 1414-1418.

Même pour le mobilier antérieur au mariage, il sera souvent très-facile d'en déterminer la propriété. Parcourons quelques hypothèses.

Voici d'abord toute une série de meubles (et ce ne sont pas les moins importants), pour lesquels la loi se charge en personne des constatations nécessaires. — Avoués, huissiers, greffiers, courtiers, agréés, notaires, agents de change, etc., toute la légion des officiers ministériels ne se recrute que dans un seul sexe; et, à chaque mutation de titulaire, c'est un décret impérial qui transfère la charge à son successeur. Quel besoin, dès lors, pour deviner à quelle date et auquel des époux l'office a été concédé, de compulser soit un contrat, soit un inventaire? Ne saura-t-on pas toujours que tel notaire avait acheté, sinon payé, son étude, avant son mariage?

De même pour la plupart des autres meubles incorporels. — Un certain nombre d'entre eux, pour ainsi parler, portent forcément au front la marque de leur maître. — Dans le commerce, l'industrie, la finance, beaucoup d'actions sont nominatives (condition quelquefois même exigée par la loi); et la propriété en est établie par une inscription sur les registres de la société. — Toute une nombreuse catégorie de créanciers de l'Etat sont dénommés, sur le Grand-Livre, en rang chronologique. — Enfin les droits que vous puisez dans un jugement qui condamne votre adversaire, dans un procès-verbal qui constate un délit commis contre vous, dans un brevet d'invention qui vous concède un monopole, ne reçoivent-ils pas de l'autorité publique l'authenticité de leur date?

Voilà donc une première catégorie de meubles dont la propriété sera toujours indiscutable, même en l'absence d'inventaire. Mais considérons maintenant comment les choses se passent en pratique, nous reconnaîtrons que pour le reste même du mobilier, la preuve des époux se trouvera souvent toute faite avant leur mariage.

Prête-t-on, en effet, une somme importante, constitue-t-on une rente viagère, sans dresser un acte notarié, qui constate, avec le nom du créan-

cier, la date de l'obligation? Une œuvre artistique
ou littéraire se publie-t-elle, sans porter en elle-
même la date de son édition? Même parmi les meubles corporels, plusieurs, vu leur importance, ont une
origine de propriété toujours en règle. Les navires,
bateaux, bacs, moulins et bains sur bateaux, usines
non fixées par des piliers ne sont, il est vrai, que des
meubles. Mais souvent cette fortune flottante forme
la meilleure partie d'un patrimoine. Aussi des actes
en due forme en constatent-ils la provenance tout
comme s'il s'agissait de terres ou de maisons. De
même pour les statues et les tableaux des grands maî-
tres. Les œuvres d'art ont une histoire, les amateurs
suivent leur odyssée à travers les musées publics ou
particuliers, et personne ne les achète sans se prému-
nir d'un contrat authentique. — Enfin, même pour les
meubles dont la nature et la valeur n'exigent pas autant de précautions, il peut encore arriver que la provenance en soit constatée. Un compte de tutelle, un inventaire joint à une donation mobilière, celui qu'un
testateur aurait inséré dans le testament, un partage
de famille, etc., pourront, avant le mariage, fournir
à l'un des époux les preuves de sa propriété.

La constatation du passif antérieur au mariage
n'est pas plus difficile que celle de l'actif. Les mêmes
précautions qui constatent la date au regard du
créancier ne la constatent-elles pas à l'encontre du
débiteur?

En résumé, les meubles les plus importants, offices,

créances, actions, navires, œuvres littéraires, inventions, objets d'art, etc... n'offrent pas pour la constatation de leur origine plus de difficulté que les immeubles. Armateurs, écrivains, inventeurs, officiers ministériels, actionnaires, etc..., produisent contre la communauté des titres non moins probants que ceux du propriétaire foncier. Pourquoi donc refuser à ceux-là la protection octroyée à celui-ci ? Pourquoi donc, en l'absence d'un contrat de mariage, jeter dans la communauté des biens dont la propriété est constatée, et dont la valeur, en dépit d'un brocard suranné, peut égaler celle des immeubles.

On voit donc à quoi se réduit l'objection de nos adversaires. Un régime de droit commun, disaient-ils, doit pouvoir fonctionner même en l'absence de tout écrit ; or, la communauté d'acquêts ne peut se mouvoir qu'à grand renfort de titres et d'inventaires. — Nous croyons avoir démontré, au contraire, que, sans inventaire ni contrat, la plupart des meubles, ceux du moins qui ont une valeur sérieuse, apportent toujours avec eux la preuve incontestable de leur propriété.

Resteront seulement les menus objets, ameublement, vestiaire, etc., dont l'achat est souvent verbal ou ne laisse pas du moins de trace authentique. Quoique représentant parfois une valeur très-grande, ces meubles seront, il est vrai, la proie obligée de la confusion. En certains cas, pourtant, par des présomptions ingénieuses, l'ancien droit savait s'y soustraire. Mais enfin, sacrifions ces meubles, à la com-

munauté ; du moins n'est-ce pas une raison pour lui
en abandonner tant d'autres, qu'il est facile de lui
enlever.

Nous croyons donc, sauf meilleur avis, la candida-
ture de la société d'acquêts doublement justifiée, soit
par les services rendus, soit surtout par les services
qu'elle peut rendre. Deux questions se posent alors :
l'une de pure critique historique, l'autre d'un intérêt
actuel et capital pour le législateur et l'économiste :
1° le Code de 1804 n'aurait-il pas dû consacrer la
société d'acquêts comme régime de droit commun ?
2° une réforme de ce Code ne devrait-elle pas faire
aujourd'hui ce que les premiers législateurs auraient
dû faire ?

A. A la promulgation du Code, le choix n'était
guère possible qu'entre trois ou quatre régimes.

Partager la France en deux territoires, rompre au
début du xix° siècle l'unité si chèrement conquise, on
le proposa ; cela n'était point acceptable.

Pour régir les mariages sans contrat, pour fournir
un type officiel aux contractants irrésolus, il fallait,
d'un bout de la France à l'autre, l'unité d'un régime
de droit commun.

Ecartons d'abord le régime en séparation. Il n'avait
pas chez nous de territoire, pas de racines dans les
mœurs, et, à notre estime, assez peu de valeur in-
trinsèque.

Ecartons encore la communauté universelle. Ce
n'est pas qu'elle nous paraisse répugner à l'idéal d'un

parfait mariage. Elle a, du moins, sur la communauté du Code, l'avantage de la simplicité, de la franchise, de la complète égalité ; elle favorise le crédit en diminuant la crainte des fraudes ; elle est pratiquée par un petit peuple de qui le bon sens flegmatique écarte tout soupçon d'utopie (1). Ce n'est donc point par des arguments absolus que nous l'aurions repoussée.

Mais elle n'était pas acclimatée en France. A tort ou à raison, elle n'avait pas obtenu la consécration des mœurs nationales. Il y aurait peut-être imprudence à l'imposer aux ménages d'époux vulgaires, qui engagent plus volontiers leur foi que leurs biens. Aussi la réclamation isolée de M. Béranger ne fut-elle pas appuyée (2).

Restaient le régime dotal, la société d'acquêts, la communauté coutumière.

Imposer aux antipathies des pays coutumiers la dotalité méridionale, c'était impossible ; on ne pouvait même pas y songer.

Mais, aurait-on pu proclamer comme droit commun la combinaison de la dot avec le pacte des acquêts? Une voix éloquente le demandait. « Je conviens, disait le tribun Caryon Nisas, que des amendements favorables pouvaient être apportés à la législation romaine ; mais ces amendements sont tous, ou dans la partie du projet de loi qui organise le régime dotal, ou dans un court article appendice à cette

(1) Code civil hollandais, art. 174-862.
(2) Fenet, t. XIII, p. 552.

partie, je veux parler de l'article qui permet d'établir une société d'acquêts (1). A l'entendre, ce pacte servait de panacée aux imperfections de son cher régime dotal ; devant cette combinaison victorieuse, la communauté coutumière devait disparaître.

Nous avons reconnu nous-mêmes les avantages sérieux de cette alliance. Sans nous déjuger, disons simplement qu'il restait toujours impossible d'imposer la dotalité aux pays du Nord. Quelque déguisement qu'elle empruntât, fût-elle même mitigée par un mélange de la communauté, ce n'en était pas moins cet odieux régime, excommunié par la France coutumière, et chargé des anathèmes de tous les jurisconsultes du Nord. A moins de tenter un coup d'Etat, c'est autre part que le législateur devait porter son choix.

Nous entrons ici dans le vif de la question. A la communauté parisienne, le Code n'aurait-il pas dû préférer la simple société d'acquêts ? Nous avons essayé de justifier nos préférences théoriques pour cette dernière. Ce qui va nous préoccuper maintenant, c'est de savoir si l'opinion publique, en 1804, répugnait trop énergiquement à son admission.

A cette date, jetons les yeux sur la carte juridique de la France. Que voyons-nous ?

D'abord, des provinces de droit écrit : c'était tout le midi et l'Alsace. Elles représentaient quarante-trois

(1) Fenet, t. XIII, p. 775. — De Molleville, Anal. rais., t. II, p. 209.

départements sur les quatre-vingt-trois qui composent le territoire de l'ancienne France. Ajoutons-y l'Auvergne : quoique pays coutumier, elle suivait le droit romain en matière de mariage. Partout, dans cette région, la société d'acquêts était florissante, ou au moins acceptée.

A l'est deux grandes provinces, le duché et le comté de Bourgogne, faisaient de la communauté réduite aux acquêts leur droit commun (1).

Au nord enfin, une de nos plus vastes provinces, la Normandie, prohibait absolument la communauté de Paris. Hostilité mortelle entre les deux coutumes. Mais les Normands, comme nous l'avons déjà vu, pratiquaient volontiers une société réduite aux acquêts immobiliers.

Restaient enfin les vraies provinces coutumières : Paris, Orléans, Poitou, Maine, Anjou, Berry, etc. Elles faisaient de la communauté leur régime légal, et l'imposaient même à tous les conjoints qui n'avaient pas rédigé de contrat.

Mais elles différaient entre elles, soit touchant la règle de l'an et jour, soit sur plusieurs autres circonstances. En fait, *les neuf dixièmes* des mariages dérogeaient, par des clauses spéciales, à l'uniformité du droit commun. Parmi ces clauses, la réduction aux acquêts, présentée ordinairement sous sa double

---

(1) Cout. de Duché, art. 21. — De Malleville, Anal. rais., t. III, p. 209.

forme : exclusion du mobilier, séparation des dettes,
tenait une place considérable (1).

Ainsi donc, la communauté coutumière ne ralliait
à elle qu'une *minorité* du peuple français et jusque
dans son propre domaine, les mœurs réagissaient
contre ses vices en lui imposant des correctifs. Voilà
la situation en 1804.

Mais la communauté de Paris s'appuyait sur les
plus haut patronages et sur les plus puissants auxi-
liaires. Ecrits des grands jurisconsultes, jurisprudence du premier des parlements, traditions et préférences de la capitale, tout conspirait à son triomphe.
La Commune de Paris voulait être et fut à un moment
donné toute la France; de même, la communauté de
Paris voulait être et elle fut le droit officiel du pays ;
c'est à un coup d'Etat de la centralisation qu'il faut
demander l'explication de sa fortune.

Pour en faire le droit commun de la France, il a
fallu sacrifier les traditions, violenter les répugnances
du Midi, de l'Alsace, des deux Bourgognes, de la
Normandie ; il a fallu ériger en type de perfection
officielle un régime si défectueux que rarement l'ac-
cepte-t-on dans un contrat, disons mieux, que les
contrats sont uniquement rédigés pour s'y soustraire.

Aurait-on trouvé plus de difficultés à faire accepter
la société d'acquêts? Au point de vue général de la
France, nous ne le pensons pas.

(1) Odier, Cout. de Mar., t. I, p. 31.

Et, d'abord, les pays de droit écrit n'auraient-ils pas, de préférence, accepté cette forme d'association restreinte? Leur susceptibilité s'effarouchait à l'ombre de la communauté coutumière; mais ils étaient familiarisés, apprivoisés, si l'on peut dire, avec le pacte des acquêts. Dédoubler simplement une combinaison qu'ils aimaient, leur aurait paru moins pénible que se plier au régime détesté des pays du Nord.

De même la Normandie. Plus hostile encore, s'il est possible, que le Midi à la communauté coutumière, elle aurait reconnu dans la société d'acquêts un régime voisin d'une clause qu'elle pratiquait elle-même.

Ce n'est pas dans les provinces de l'Est que l'opposition se serait révoltée. L'avénement de la société d'acquêts comme droit commun n'aurait été que la consécration de leurs coutumes.

Dans les pays du Nord, il est vrai, quelques répugnances auraient été froissées. L'exclusion du mobilier cependant, et surtout la séparation des dettes, y étaient assez pratiquées pour qu'un simple changement de nom ne les rendît pas odieuses. Les mœurs, qui cherchaient dans des clauses spéciales un correctif aux vices reconnus de la communauté, auraient-elles repoussé ce correctif offert par le législateur lui-même?

Enfin, les mécontents en auraient été quittes pour faire ce que fait tout le Midi, ce que fait presque toute la France. Ils auraient modifié, dans leurs contrats, ce qui les aurait choqués dans le régime de droit commun. Mais, somme toute, il y aurait eu moins de froissements à introduire la société d'acquêts dans le Nord, qu'à imposer au Midi la communauté coutumière.

Pour rapatrier, en effet, dans un droit commun ces deux régions traditionnellement hostiles, la loi ne devait-elle pas choisir le plus tempéré, le plus conciliant des régimes ? Et ce rôle de trait d'union ne revenait-il pas à la société d'acquêts ? Mitoyenne entre les extrêmes, elle avait ses libres entrées dans les deux camps.

Puisque Parisiens et Languedociens devaient, à défaut de contrat, se plier à l'unité de loi nuptiale, du moins aurait-on dû leur ménager la transition juridique. La société d'acquêts aurait servi de régime légal. A leur guise, les contractants l'auraient soit plus ou moins élargie, soit combinée avec le régime dotal, ou même remplacée par lui. Mais, à défaut de contrat, personne ne se serait trouvé trop complétement dépaysé ; un juste milieu offrait à tous venants une hospitalité acceptable.

Dis aliter visum. — Dans le premier feu de la lutte, le législateur, au lieu de concilier les deux rivaux, n'a songé qu'à assurer le triomphe de son régime préféré. Mais est-ce une raison suffisante pour maintenir à perpétuité la communauté coutumière ?

B. Telle est précisément notre seconde question. Ce sera en même temps la dernière.

Deux raisons pour se prononcer aujourd'hui avec plus d'énergie qu'en 1804. D'une part, nos révolutions

économiques ont doublé les inconvénients de la communauté légale ; ces inconvénients, d'autre part, sont
chaque jour plus vivement sentis, plus sévèrement
condamnés.

Ces inconvénients ont doublé, disons-nous. Com-
mencée par le Code lui-même, la mobilisation des
fortunes ne connaît plus aujourd'hui de bornes. Progrès des arts, inventions nouvelles, vulgarisation du
luxe, changement des mœurs domestiques, autant de
causes qui, chaque jour, accroissent dans les plus
pauvres ménages l'importance du mobilier. Et que
parlons-nous des meubles corporels? La production
en est forcément limitée. Mais voici bien une autre
révolution ! Commerce, finance, industrie, toutes les
forces de l'activité nationale se détournent du sol,
pour se reporter sur la création de valeurs fiduciaires.
— Mélangés de loterie, certains emprunts stimulent
le goût public. Les relations internationales ouvrent
nos frontières au libre échange de l'agiotage cosmo-
polite. Actions, coupons, obligations, emprunts étrangers, titres de rentes, billets de loterie, le papier,
sous toutes ses formes, inonde la France. Malgré tant
de constructions récentes, la richesse mobilière doit
dépasser la valeur totale des fonds et des édifices.

Les développements de l'industrie, la découverte
de gisements aurifères, l'extension des relations commerciales justifient, dans une certaine mesure, cette
conversion des valeurs. Elle s'explique, dans une
partie même de ses excès, par le nivellement social et

la vocation de tous au partage de la richesse nationale. Le morcellement du sol ne suffisant pas, la propriété foncière ne satisfaisant pas toutes les convenances, c'est la création des meubles incorporels qui continue cette démocratisation de la fortune. Mais la révolution économique, malheureusement, s'exagère et
se pervertit par la frénésie de la Bourse, un des vices
capitaux de notre siècle.

Quoi qu'il en soit, la situation existe. Elle n'est pas
de celles qu'on réforme à coups de lois. Laissons l'op-
timisme s'en applaudir comme d'un témoignage assuré de la prospérité nationale. Laissons des écono-
mistes chagrins s'écrier qu'en vulgarisant la richesse,
on en détruit la sécurité. Sans trancher le débat,
qu'il nous suffise d'avoir constaté la révolution.

Est-elle compatible avec le régime légal des mariages? Mépriser la richesse mobilière, favoriser à ses
dépens les immeubles, n'est-ce pas rompre l'équilibre
entre les époux et dépouiller une famille au profit
de l'autre? Insensible peut-être à une autre époque,
mais accru déjà lors de la confection du Code, ce résultat n'est plus tolérable aujourd'hui. Nous avons
énuméré théoriquement les vices possibles de la communauté légale. Eh bien! tous aujourd'hui se réalisent, se multiplient de plus en plus dans la pratique,
en raison directe de la mobilisation des fortunes.

En même temps, l'opinion publique accentue sa
réprobation. Progrès de la société d'acquêts, décadence parallèle des autres régimes, ce double mou-

vement n'est-il pas manifeste? Cantonné dans les débris de son patrimoine héréditaire, le régime dotal a beau s'y défendre avec énergie, il commence à battre en retraite devant l'invasion. Là où elle n'était que peu connue, la société d'acquêts vient s'associer à lui; c'est ainsi qu'elle se développe à Toulouse, un des vieux foyers de la dotalité. Là où la combinaison existait déjà, les contrats de mariage la dédoublent; on ne conserve que le pacte des acquêts. Cette révolution est accomplie à Bordeaux et dans les départements voisins. Enfin, dans les anciens pays coutumiers, à Paris même, le régime usuel, c'est aussi la réduction de la communauté aux acquêts. Elle se décompose, il est vrai, sous la plume du notaire, en ses deux éléments : exclusion du mobilier, séparation des dettes. Pure question de mots ! C'est toujours la société d'acquêts.

L'épreuve est-elle assez complète? Pourquoi donc la loi refuserait-elle de s'accorder avec les mœurs, surtout lorsque les mœurs elles-mêmes s'accordent si bien avec la raison ?

L'inconvénient, dit-on, n'est pas trop grave.

Non-seulement la communauté légale est le régime de ceux qui se marient sans contrat ; mais elle est surtout le régime de ceux qui se marient sans apport. Où il n'y a rien, l'égalité ne saurait être compromise.

Il est très-vrai que, dans la pratique, les conjoints qui ont déjà quelques ressources s'empressent de rédiger un contrat, précisément pour échapper à la communauté légale.

Mais sa consécration, comme régime de droit commun, n'en est pas moins regrettable à tous les points de vue.

En théorie, il est fâcheux d'introniser à la place d'honneur, de proposer comme type officiel un régime vicieux, en complet désaccord avec la société moderne.

En pratique, les inconvénients sont sensibles.

D'abord, une mineure, une étrangère, un illettré, ne peuvent-ils pas se laisser tromper à l'indication officielle? L'ignorance, l'irréflexion, les mauvais conseils, la présomption qui méprise jusques aux bons conseils, sont-elles choses assez rares, même en matière de mariage, pour que le législateur en fasse abstraction?

Et puis, pour ceux qui connaissent les dangers du régime légal, quelle en est l'unique conséquence? De les obliger à rédiger un contrat. Voilà donc des frais de notaire, de timbre, d'enregistrement, d'expédition, de publications, de déplacement dans les campagnes, le tout en pure perte. Minimes dépenses, dit-on. D'accord; mais ces petites dépenses grèvent souvent de petits budgets; elles se produisent au moment même où l'entrée en ménage absorbe déjà les ressources, et dans les positions précaires, d'ailleurs, toute dépense qui est inutile ne devient-elle pas vexatoire?

Enfin, si le contrat renferme quelque clause obscure, n'est-ce point par le droit commun qu'on l'interprétera? S'il porte en lui quelque nullité cachée, n'est-ce point, malgré l'expression authentique de leurs répugnances, n'est-ce point sous la communauté légale que vont retomber les deux époux ?

On le voit, le choix d'un régime légal ne manque jamais d'importance.

Aussi voudrions-nous avoir le droit de servir ici d'interprète à l'opinion publique. Mais laissons-la parler elle-même ; ses vœux ne se manifestent-ils point par la pratique de tous les jours ? Et si l'on dressait les cahiers généraux des contrats de mariage, n'y verrait-on pas éclater partout les mêmes sentiments ? Partout, n'est-ce-pas la communauté d'acquêts que l'on invoque ?

L'œuvre législative est d'ailleurs toute prête. Compléter les articles 1498-99, serait une tâche courte et facile. Quelque théoricien, peut-être, demanderait que l'on tranchât la controverse sur la réversion des acquêts aux enfants; un Normand, qu'on levât ses doutes sur la liquidation d'une société d'acquêts immeubles ; mais ce que la pratique réclamerait à bon droit, ce serait une interprétation officielle, une rédaction plus précise encore de l'article 1499. Les conflits des auteurs, la multiplicité des décisions jurisprudentielles, l'intérêt quotidien des questions qui se rattachent à ce texte, tout ne démontre-t-il pas invinciblement la nécessité de sa révision ?

Avec ces modifications légères, la société d'acquêts

satisferait toutes les convenances nationales. Elle re-
tremperait, dans la consécration législative, l'autorité
qu'elle a déjà reçue du suffrage universel des intéressés. Si les coutumes ne font plus les lois, les meilleures
lois sont toujours celles qui se font avec les coutumes.

FIN.

TABLE DES MATIÈRES.

Préface.. 3

PREMIÈRE PARTIE.

HISTOIRE.

Chapitre Iᵉʳ. — Introduction historique.......   7
Chap. II. — Prétendues origines romaines de la communauté 14
Chap. III. — Prétendues origines celtiques de la commu-
       nauté d'acquêts.....................   16
Chap. IV. — Les Germains avant l'invasion.............   21
Chap. V. — Les Gaules depuis l'invasion jusqu'à la féodalité 23
    § 1. Lois des Germains.........................   25
    § 2. Lois des Gallo-Romains   29
       3. Influence de l'Église   31
    § 4. Conclusions   34
Chap. VI. — Histoire de la communauté coutumière......   35
Chap. VII. — Les deux coutumes de Bordeaux...........   40
    § 1. La coutume gasconne................   41
    § 2. La coutume française.......................   44

SECONDE PARTIE.

DROIT ACTUEL.

Chap. VIII. — Questions transitoires...................   53

SECTION PREMIÈRE.

De la communauté réduite aux acquêts à l'état ordinaire.

Chap. IX. — Dispositions générales...................... 56

Chap. X. — Composition de la communauté. De l'actif.... 70

Chap. XI. — Composition de la communauté. Du passif .. 93

Chap. XII. — De l'administration de la communauté..... 97

Chap. XIII. — De la dissolution de la communauté d'acquêts............................... 106

Chap. XIV. — De la reprise des apports................ 108

Chap. XV. — De l'acceptation, de la renonciation et du
partage 119

SECTION II.

Modifications conventionnelles de la communauté réduite aux acquêts.

Chap. XVI. — De la réversion des acquêts aux enfants 122

Chap. XVII. — De la société d'acquêts immobiliers....... 128

Chap. XVIII. — Combinaison de la société d'acquêts avec le
régime dotal. Composition des patrimoines. 135

Chap. XIX. — Suite. Administration des biens............ 139

Chap. XX. — Suite. Dissolution de la société............ 145

Chap. XXI. — De quelques autres modifications conventionnelles de la communauté réduite aux acquêts. 161

Chap. XXII. — Des droits d'enregistrement.............. 164

Chap. XXIII. — Des législations étrangères.............. 166

TROISIÈME PARTIE.

Chap. XXIV. — Conclusion........................ 169

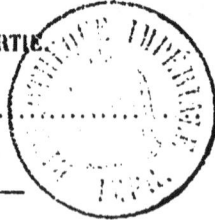

www.ingramcontent.com/pod-product-compliance
Lightning Source LLC
Chambersburg PA
CBHW060527210326
41519CB00014B/3151